Christian Graf von Krockow
Dirk Reinartz (Fotos)

Die Reise nach Pommern in Bildern

Christian Graf von Krockow   Dirk Reinartz

Die Reise nach Pommern in Bildern

Deutsche Verlags-Anstalt Stuttgart

CIP-Kurztitelaufnahme der Deutschen Bibliothek

Krockow, Christian Graf von:
Die Reise nach Pommern in Bildern / Christian Graf von Krockow; Dirk Reinartz. – Stuttgart: Deutsche Verlags-Anstalt, 1987.
ISBN 3-421-06322-2
NE: Reinartz, Dirk:

Gestaltung:
Karlheinz Volz
Karte:
Horst W. Auricht, Stuttgart
Satz:
Setzerei Lihs, Ludwigsburg
Reproduktionen:
E. Schreiber, Stuttgart, und O.R.T., Berlin
Druck:
W. Kohlhammer, Stuttgart
Printed in Germany

Am Lebasee

Inhalt

Begegnungen mit Pommern

Die Märchen erzählen: Es war einmal. Manchmal aber redet auch die Erinnerung so. Sie sagt: Es war einmal ein Land, diesseits und jenseits der Oder weit hingestreckt längs der Ostsee. Und nahe genug. Die Berliner fuhren dorthin zur Sommerfrische oder ins Wochenende. Keine drei Stunden brauchte ihr Zug vom Stettiner Bahnhof bis Swinemünde.

Einen Stettiner Bahnhof gibt es nicht mehr; aus Swinemünde wurde, schwer nur auszusprechen, Świnoujście. Wer reist, sucht in der Regel bekanntere Ziele. Die einen fahren an die Schwarzmeerküste, die anderen ans Mittelmeer, und sogar Tahiti liegt inzwischen weniger fern. Pommern, das Land selbst, scheint von der Landkarte vertilgt, als sei es nie gewesen. Vorpommern, seinen westlichen Teil, der der Deutschen Demokratischen Republik verblieb, hat man aufgeteilt auf die Bezirke Rostock, Neubrandenburg und Frankfurt an der Oder. Hinterpommern indessen, der östliche Teil, heißt jetzt Pomorze, und die Bezirke werden Woiwodschaften genannt: Szczecin, Koszalin, Słupsk.

Doch das Land ist noch da, nach Kilometern gemessen keineswegs fern. Man könnte es besuchen. Dieses Buch berichtet in seinen Texten und Bildern von der Reise nach Pommern, genauer nach Hinterpommern, in das Land jenseits der Oder.

Der Verfasser der Texte stammt von dort, er ist dort aufgewachsen, und nicht selten führt der Traum ihn zurück. Wenn er Pommern, Hinterpommern meint, sagt er »bei uns« und »zu Hause«. Darum stürmen bei seiner Reise nach Osten zwiespältig die Gefühle auf ihn ein: Freude und Trauer, Wiedererkennen und Fremdheit. Er begegnet der Landschaft, die blieb, einer Natur, die standhielt. In den Dörfern und Städten begegnet er den Menschen, auf seltsame Weise gleich zweifach: denen, die einmal in Misdroy und in Kolberg, in Neustettin, in Stolp oder Glowitz gelebt haben – und denen, die heute in Międzyzdroje, Kołobrzeg, Szczecinek, Słupsk, Główczyce leben, schon in der zweiten oder dritten Generation.

Der Fotograf dagegen stammt so weit aus dem Westen, wie es in Deutschland nur möglich ist: aus Aachen. Er ist jung genug, um von den Erinnerungen an Vorkriegszeit und Krieg nicht mehr beschwert zu sein. Eigentlich durch den puren Zufall geriet er über die Oder nach Osten, mitten im Winter. Doch um so stärker fesselte ihn das Unbekannte: ein Land der Stille und der Weite, ein Leben der Kargheit und der Gastfreundschaft. Aber zu seiner Überraschung entdeckte er auch Bekanntes, die

Zeichen seiner Kindheit, die hierzulande der Triumph des Fortschritts längst entstellt und zerstört hat. Gleich mehrfach fuhr er darum nach Pommern, im Wechsel der Jahreszeiten. Seine Bilder zeigen, was ihn gefangennahm.

Viele Menschen haben mit ihren Hinweisen, mit Rat und mit Hilfe zu diesem Buch beigetragen, Deutsche wie Polen. Ihnen allen wäre zu danken. Stellvertretend für viele sei nur eine Frau hier genannt: Frieda Albrecht, Bäuerin aus Arnshagen, Kreis Stolp. Eine Frau voller Herzensklugheit; im Unscheinbaren, im Selbstverständlichen war der Wahlspruch der Pommern »In Treue fest« für sie bestimmend wie der Wille zur Versöhnung, zum Frieden. Erst 1956 verließ sie die Heimat. Doch ihre Nachfolgerin, die alte Polin im heutigen Charnowo, sagte mit Stolz: »Unsere Deutsche ist als letzte gegangen, und sie kam als erste zurück.« Sie fragte, sie drängte: »Wann kommt meine liebe Freundin wieder zu Besuch? Wir warten auf sie, ihr Zimmer steht bereit. Bitte sagen Sie ihr das.« Im September 1985 ist Frieda Albrecht noch einmal in Arnshagen/Charnowo gewesen; am 30. Januar 1986 ist sie so still gestorben, wie sie gelebt hat. Wahrlich gilt für sie, was im neunzigsten Psalm geschrieben steht: »Unser Leben währet siebzig Jahre, und wenn's hoch kommt, so sind's achtzig Jahre, und wenn's köstlich gewesen ist, so ist es Mühe und Arbeit gewesen; denn es fähret schnell dahin, als flögen wir davon.«

Dem Leser, dem Betrachter will dieses Buch die Begegnungen weitergeben: Begegnungen mit der Natur und der Landschaft wie mit den Dörfern, den Städten, den Menschen, Begegnungen sei es zum Erinnern, sei es zur Entdeckung des Unbekannten. Oder noch mehr: Dieses Buch will einladen zu einer Reise, über die Schwarzmeerküste, das Mittelmeer und sogar über Tahiti weit hinaus – zur Reise nach Pommern.

Bei Rowen, Kreis Stolp/Równo

Fahrten durchs Land

Von der Oder zur Ostsee

Zöllner sind auch nur Menschen. Das steht schon in der Bibel, und für die polnischen gilt es erst recht. Sie brauchen ihre Pausen, fürs zweite und dritte Frühstück, für die Zigarette und das Erzählen oder wer weiß, was sonst. Fünf Autos, die vor einem auf die Abfertigung warten, können schon eine Stunde kosten. Oder zwei. Selbst die deutsch-demokratischen Zollkollegen macht das schier kribbelig. Dabei wird so durchdringend genau meist gar nicht kontrolliert. Geduld ist also gefordert, obwohl die Ungeduld wächst: eine Handvoll Kilometer bloß noch von dieser Grenzstation Kołbaskowo, südlich von Stettin, bis zur Oder!

Die Oder: Breit, gemächlich strömt sie in ihren beiden Armen dahin, weder vom ragenden Gestein noch von Rebhügeln umdrängt. Kein Vergleich mit der geschäftigen Frachtfülle auf dem Rhein. Und keine Ruinenromantik, keine Felsengesänge; nirgendwo wird eine gewaltige Melodei den Schiffer mit wildem Weh aufs Riff treiben. Nur Ruhe, Weite, Geduld. Um auf Pommern, auf Hinterpommern sich einzustimmen, sollte man gleich hinter den holprigen Oderbrücken der alten Autobahn nach rechts abbiegen, auf Greifenhagen/Gryfino zu wieder an den Fluß heran. Da könnte man an der Böschung des Deiches sich ins Gras setzen, dem ziehenden Strom nachspüren oder spielenden Kindern und den Anglern zuschauen, bis im aufsteigenden Dunst des Abends das Wasser und der Himmel ineinander verdämmern. So würde man nach dem nervösen Tag der Anfahrt aus dem Westen und nach aller Ungeduld an den Grenzen unmerklich damit anfangen, einen anderen Rhythmus einzuüben: den des Ostens.

Wer vorwärtsdrängt, vielleicht weil das Heimweh ihn treibt, mag sich natürlich an die eine große Straße halten, die im weiten Bogen durchs Land schwingt, über Naugard/Nowogard und Köslin/Koszalin nach Stolp/Słupsk. Eine Hauptstraße ist das, teils vierspurig ausgebaut und mitunter sogar mit lebhaftem Verkehr, selbst wenn er in westlichen Augen noch sehr gemäßigt sich ausnimmt. Aber viel schöner ist es, sich abseits zu halten, um auf Landstraßen kreuz und quer durchs Land zu fahren.

Diese Landstraßen nämlich sind schon für sich ein Erlebnis. Früher einmal waren sie zweigeteilt, auf der einen Seite befestigt, oft mit dem betagten Kopfsteinpflaster, das dem Zeitalter des Asphalts voranging, auf der ande-

Das südöstliche Hinterpommern, der baltische Höhenrücken, Endmoränenlandschaft: ein rauhes Klima und ein karges Land; schon immer hatten es die Menschen hier schwer.

Kartoffeln und Kiefern statt Milch und Honig! Immer aber findet man Wasser und Wald, immer gibt es die Weite sanfter Bewegung und den Wechsel des Lichts unter der Größe des Himmels.

Die Oder: Schicksalsfluß durch Schlesien, die Mark Brandenburg und Pommern, preußisch vor allem: Küstrin und Kunersdorf liegen nicht weit. Einst Deutschlands Strom, jetzt seine Grenze. Doch unberührt, als gäbe es die Zeit nicht, zieht er dahin.
Wer aus dem Westen kommt, mit angespanntem Blick auf Kilometerzähler und Uhr, sollte am Oderufer nicht bloß rasten, sondern Station machen. Hier nämlich beginnt eine andere, die östliche Landschaft und Lebensart; hier setzt das Erinnern des Heimkehrers ein – oder die Entdeckung des Unbekannten.

Die Oder bei Greifenhagen/Gryfino

ren nur mit lockerem Kies angelegt, Sand darüber: der »Sommerweg«, den Sehnen der Pferdebeine zur Schonung zugedacht. Inzwischen hat man die Straßen in ihrer ganzen Breite überteert, und durchweg zeigen sie sich in vorzüglichem Zustand; nach Schlaglöchern muß man suchen. Im Grunde sollte man, bewußt altmodisch, von Chausseen sprechen, denn die schattenspendenden Bäume blieben erhalten. Manchmal sind es Birken, in den Mooren zumal, meist aber Linden, wahre Jahrhundertbäume oft. Wie zu Torbogen wölben sie sich über der Straße zusammen, Kilometer um Kilometer bis an den Horizont, in der nie ermüdenden Bewegung von Schatten und Licht. Und in der Morgenfrühe wie am Abend locken sie mit betörendem Duft. Gemächlich rollt man dahin, zum Schauen befreit; unwillkürlich und je länger, je mehr sinkt die Geschwindigkeit unter die vorgeschriebene Grenze von neunzig Stundenkilometern. Ein Hauch von »damals«, von Vorkriegszeit weht heran; wie damals üblich sollte man eigentlich ein Kabriolett haben, das Verdeck heruntergeklappt. Den Verkehr, so scheint es, hat man ohnehin fast für sich; dann und wann nur fordert der Entzückensruf der Begleiterin auf dem Beifahrersitz ein wenig Aufmerksamkeit zurück: »Sieh mal, ein Auto!«

Es ist seltsam: Weil aus Pommern Pomorze wurde und weil Polen, verglichen mit der Bundesrepublik Deutschland, ein armes, ein rückständiges Land ist, darum blieb vieles bewahrt, was wir längst der Raserei des Abholzens, Begradigens, Betonierens und Austrocknens geopfert haben. Die Landschaft, die Natur hält noch stand, weit besser jedenfalls als in unserem triumphalen Gewaltmarsch zum Wohlstand. Wenn wir wissen wollen, was einmal war und was wir fast schon vergessen haben, müssen wir hierher fahren.

Das zeigt sich an vielem, nicht bloß an den Chausseen. Störche zum Beispiel: Wann eigentlich haben wir – außerhalb von Gehegen – sie zuletzt gesehen, wann ihrem Klappern gelauscht? Sind sie nicht fast schon zur Sage entrückt? Nein, keineswegs, hier zumindest nicht, in dem Land östlich der Oder. Es ist ihre Heimat geblieben. Sei es Pommern oder Pomorze: Für sie macht das wenig Unterschied. In ihrem ernsten Zögern schreiten sie durch die Wiesen wie je. Und wenn Maschinen das Gras oder das Getreide mähen, kommen sie nicht selten in Scharen herbei, um alles einzusammeln, was an hüpfendem oder kriechendem Kleingetier sichtbar wird. Nur das Wohnen machte Umzüge erforderlich. Früher gab es noch Stroh-

Pommerns Chausseen, die in Pomorze sich erhalten haben, sind durchweg in vorzüglichem Zustand. Durch die Torbogen der Jahrhundertbäume, im Spiel von Schatten und Licht, im spärlichen Verkehr rollt man gemächlich dahin. Muße zum Schauen statt der Jagd ums Überholen: Unwillkürlich sinkt die Geschwindigkeit aufs bekömmliche Maß.

In Trieglaff, Kreis Greifenberg/Trzygłów

Erinnerung an die Kindertage, Entzücken des Wiedererkennens: Weil der Triumph des Fortschritts, die Raserei des Trockenlegens, die chemische Keule über Frösche und Heuschrecken noch nicht gesiegt hat, auch nicht über das Kleingetier im Gras, das die Mähmaschine freilegt, darum sind Störche in Pommern zu Hause wie je.

Nur für den Nestbau wurden Umzüge erforderlich, weil die Strohdächer verschwanden. Gottlob gibt es als Ersatz die Leitungsmasten, an den Knotenpunkten der Verzweigungen aus Beton und oben mit einer Platte abgedeckt.

In Neu Gutzmerow, Kreis Stolp/Choćmirówko

dächer, auf denen die Nester sich sicher begründen ließen. Heute sind sie beinahe verschwunden, die Neubauten in der Regel häßlich flache Kästen und die älteren Häuser meist mit Blech eingedeckt. Da hält nichts, oder es wird zu heiß. Aber Leitungsmasten für die Elektrizität und das Telefon gibt es noch immer. In den Dörfern, an den Knotenpunkten, an denen die Drähte sich verzweigen, sind sie aus Beton, oben mit einer Platte abgedeckt. Also werden die Nester nun dort erbaut, direkt über den Leitungen und Lampen.

Ein anderes Beispiel liefern die Äcker und die Feldraine. Der chemische Tod aus Menschenhand hat das angeblich Unnütze noch nicht besiegt. Überall noch Bäume und Gesträuch, und überall blüht es, vielfarbig unter dem Spiel der Schmetterlinge, blau zumal von der Kornblume und rot vom Klatschmohn. Gefährdungen freilich sind nicht zu übersehen, die Warnzeichen einer Zukunft, die auch in Pomorze schon begonnen hat: In manchen Feldmulden, in die das Wasser ein Übermaß von Düngemitteln hinabschwemmt, stehen wie Klagezeichen die dahinrottenden Stümpfe von Erlen oder Birken. Unwillkürlich gerät man ins zwiespältige Grübeln: Den Menschen, die heute hier leben, ist ihr gebührender Anteil am Fortschritt, am Aufstieg zum Wohlstand dringend zu wünschen; wer dürfte sich anmaßen, sie gleichsam zu Museumswärtern unserer rückwärtsgewandten Sehnsüchte zu degradieren, für die wir selbst den Preis buchstäblich ums Verrecken nicht zahlen wollen? Und doch und zugleich keimt heimlich eine Art oder Unart von Hoffnung: Wenigstens hier möge die Natur weiterhin mächtig blei-

Bütow/Bytów

Die Ordensburg in Bütow, von der aus der Blick auf eine verträumte Kleinstadt fällt, erinnert an bewegte Geschichte. Im 14. Jahrhundert kam das östliche Hinterpommern – die Lande Bütow und Lauenburg – an den Deutschen Orden. Im 15. Jahrhundert kehrte es als polnisches Lehen zu den pommerschen Herzögen zurück. Wieder zwei Jahrhunderte später, 1657, folgte die brandenburgische Besitzergreifung durch den Großen Kurfürsten, aus der – bis 1945 – die preußische Prägung hervorging.

Rathaus in Cammin/Kamień Pomorski

ben und aller kurzlebigen Menschengier, allem Unverstand des homo sapiens widerstehen.

In Gollnow/Golieniów verlassen wir die große Straße durch Pommern und fahren nach Norden an den rechten Mündungsarm der Oder, die Dievenow. Sie verbindet das Stettiner Haff mit dem Camminer Bodden, der die Insel Gristow umschließt. Ein wahres Paradies für Süßwassersegler, wie man in Mitteleuropa wohl kaum ein zweites mehr findet, und wahrlich noch längst nicht überfüllt. Überall ein Widerschein von Idylle. Wo ein paar Zelte aufgeschlagen sind, müssen die Bewohner sich nur gegen die zudringliche Neugier von Kühen zur Wehr setzen. Etwas weiter, auf dem Steg, den das Schilf fast verbirgt, stören nicht einmal die mehr. Ein Mann hat die Angelrute ausgeworfen, die ihn die Zeit vergessen läßt. Oder hält er vielleicht schon heimliche Zwiesprache mit dem Butt, obwohl der genaugenommen in die Ostsee gehört? Der Graubutt, meist Flunder genannt, dringt allerdings häufig ins Brack- und Süßwasser vor. Sei es, wie es sei, die Geschichte »Von dem Fischer un syner Fru« spielt jedenfalls irgendwo in der Nähe:

»Manntje, Manntje, Timpe Te,
Buttje, Buttje in der See,
Myne Fru de Ilsebill,
Will nich so, as ik wol will.«

Das alte Lied mit immer neuen Strophen. In der Nähe hat einst auch das sagenumwobene Vineta gelegen – und ist untergegangen wie die Nachfolgestadt Wollin. Denn freilich, der Schein von Idylle überdeckt gnädig den Schrecken: Im März und April 1945 stand an der Dievenow für einige Wochen die Front, und Wollin, heute Wolin, im 12. Jahrhundert der erste Sitz des pommerschen Bistums, wurde im Feuersturm fast völlig zerstört. Nur wenig besser erging es Cammin, dem zweiten Bischofssitz. Immerhin blieb das Gebiet um den Dom einigermaßen verschont, und in Kamién Pomorski hat man das alte Rathaus sorgsam restauriert.

Von Cammin aus ist es nicht weit bis Misdroy/Międzyzdroje, dem Badeort auf der Insel Wollin. Dort bin ich für einige Jahre zur Schule gegangen, in die »Baltenschule«, die nach dem Ersten Weltkrieg Flüchtlinge aus Estland und Lettland gegründet hatten. Nie werde ich meine erste Schulstunde vergessen, einige Wochen nach Kriegsbeginn, im Oktober 1939. Die Lehrerin tritt herein, tritt ans Katheder; sie möchte reden und kann nicht. Sie weint, minutenlang, bis sie schließlich unter immer neuem Schluchzen herausbringt, was sie sagen will: »Siebenhundert Jahre haben wir in Riga, in Mitau, in Reval gelebt. Und nun müssen alle fort. Die Heimat – die Heimat ist verloren.«

Es handelte sich um die finstere Verschwörung Hitlers und Stalins, um eine Frucht des Diktatorenpakts, der die baltischen Länder an die Sowjetunion preisgab. Bald kamen in Swinemünde Schiffe mit der Menschenfracht an, für die in Misdroy Hotels beschlagnahmt wurden, bis zum Weiterversand in das Gebiet, das jetzt der »Warthegau« hieß. Da mußten dann andere den Platz für sie räumen, die Unerwünschten, die »Untermenschen«. Wahrlich eine Flammenschrift an der Wand für jeden, der aufs prophetische Lesen sich verstehen und einlassen mochte: Das Zeitalter des Flüchtens und Vertreibens hatte begonnen. Man nannte es bloß noch nicht so, man sprach von einer »Heimkehr ins Reich« oder von den »Rücksiedlern«.

Die Baltenschule ist verschwunden, während das zugehörige Internat, schönfärberisch »Dünenschloß« genannt, noch steht. Inzwischen dient es als Ferienheim eines polnischen Betriebes, aber nichts sonst scheint verändert. Aus dem Speisesaal tönt das vertraute Tellergeklapper. Und haargenau dort, wo einst Schwester Edith ihre jugendlichen Patienten versorgte und manchmal sogar bei heimlich thermometerreibenden Drückebergern vor den Latein- oder Mathematikarbeiten ein Auge zudrückte – haargenau dort entdecke ich wieder eine Frau in der Schwesterntracht. Die Menschen gehen und kom-

Stolz weht die Flagge weiß und rot ... Pommern – in seiner alten Bezeichnung »Pomorje«, das »Land am Meer« – hat eine lange Küste und den feinsten Sandstrand der Welt. Aber daß es nun von Swinemünde/Świnoujście an für Polen einen breiten Zugang zur See bietet, hat im Ursprung mit deutschem Wahn und deutscher Gewalt zu tun. In der Vierten Teilung, als Frucht des Diktatorenpakts von Hitler und Stalin, sollte Polen der Weg ans Meer wieder und endgültig verriegelt werden, den es bis zur Ersten Teilung, 1772, über das »Preußen Königlich Polnischen Anteils« – später »Westpreußen« und noch später »der Korridor« genannt – besaß. Es war das Linienschiff »Schleswig-Holstein«, das in der Morgendämmerung des 1. September 1939 mit seinem Feuer auf die Westerplatte den Zweiten Weltkrieg eröffnete. Für fünfeinhalb Jahre hieß dann Gdynia »Gotenhafen« ...

men, ganze Welten stürzen ein, doch manches, so scheint es, bleibt unverrückbar.

Auch das erste Haus am Platze und an der Kurpromenade, das »Hotel Seeblick« steht noch, jetzt ebenfalls ein Ferienheim. Der Seesteg allerdings mißrät zur Attrappe; sein vorderer Teil bleibt wegen Baufälligkeit gesperrt und darum für die Möwen reserviert. Aber das Meer tut seine Dienste wie je; unter der Sommersonne wimmelt es am Strand von Urlaubern, bis an den Fuß der Steilküste, die der »Kaffeeberg« krönt. Von dort aus könnte man bei klarer Sicht die Insel Rügen erkennen und bisweilen gar etwas vom dänischen Bornholm erahnen. Im Krieg sah man immer die aus der See ragenden Aufbauten des Frachters, der auf eine Miene gelaufen war, während in der Nacht von Swinemünde, genauer von Osternothafen,

Jershöft, Kreis Schlawe/Jarosławiec

Zu den Kindheitserinnerungen an Pommern, die nie sich verlieren, zählt der unvergleichbare Geruch und Geschmack von fangfrisch geräucherten Flundern. Denn entlang der Ostsee gehörte das harte Handwerk des Fischers zu den Urberufen. Und der Fang aus seinen Netzen, wie auch aus den Reusen in Flüssen und Binnenseen, gehörte in einem kargen Leben zu den Grundlagen der Ernährung.
Die früheren Bewohner wurden vertrieben, und neue rückten nach. Doch die Natur ist geblieben, und mit ihr der alte Beruf. Er fasziniert und er prägt die Menschen noch immer.

Misdroy/Międzyzdroje

Leba/Łeba

Kolberg/Kołobrzeg

Jershöft/Jarosławiec

Früher einmal fuhren die Berliner in ihre pommersche »Sommerfrische«, nicht selten bloß fürs Wochenende. Inzwischen genießen die Polen das Strandleben. Gewerkschafts- und Ferienheime der Betriebe, Campingplätze und Pfadfinderlager nehmen sie auf. Und Sonne – samt Sonnenbrand –, Wasser und Sand tun ihre Dienste wie je. Massenbetrieb wahrlich, Jubel und Trubel: »Zufrieden jauchzet groß und klein: Hier bin ich Mensch, hier darf ich's sein!« Aber die Küste dehnt sich; abseits der Ballungen bleibt Raum genug für Wanderungen in die Weite, in die Stille hinein.

Misdroy/Międzyzdroje

Seit der Mitte des 19. Jahrhunderts wurde auch Hinterpommern von den Eisenbahnen erschlossen. Sie erst ermöglichten es der Landwirtschaft, Getreide und Kartoffeln für die Märkte im Westen zu liefern. Eine Epoche des Aufschwungs begann, freilich kurz genug: 1945 demontierten die Russen viele Geleise und ganze Bahnstrecken.

Andere rotten still vor sich hin, weil das Zeitalter der Autos, der Lastwagen sie überflüssig machte. Geduldig erobert die Natur zurück, was sie einmal verlor. Doch ist es nicht, seltsam genug, gerade das verlorene und überwachsene Menschenwerk, das nun als Idylle uns anrührt?

der Leuchtturm herüberblinkte, um mit seinem Verlöschen das Unheimliche, die Gefahr zu signalisieren: Feinde im Anflug.

Überall in den Orten längs der pommerschen Küste sieht es ähnlich aus wie in Misdroy. Gleich ob in Kolberg/Kołobrzeg, in Stolpmünde/Ustka oder Leba/Łeba: Massen von Menschen in den Straßen und am Strand, lange Schlangen vor allen Kiosken. Bunte Wochenmärkte bieten den Urlaubern Obst und Gemüse und Blumen an; an Kirschen, Gurken, Tomaten, Pilzen herrscht jetzt kein Mangel. Fliegende Händler haben ihre Stände aufgeschlagen, mit all dem Andenken-Kitsch, ohne den offenbar die weltlichen Wallfahrtsorte unseres Jahrhunderts so wenig auszukommen vermögen wie die geistlichen. Und statt der Seelsorge gibt es hier die Körpersorge: Man kann sich wiegen oder den Blutdruck messen lassen.

Nicht einmal ein Nebenschauplatz weit von allen Bahnverbindungen wie Rowe/Rowy blieb verschont. Zwischen Garder See und Ostsee an der Mündung der Lupow gelegen, war Rowe einmal ein weltverlorenes Fischerdorf, strohgedeckte Katen in die Dünen geduckt, so idyllisch wie arm. Ein paar Künstler fanden sich ein, Max Pechstein hat hier gemalt – zuletzt, wie die neueste Sage erzählt, im März 1945 auf Geheiß eines russischen Generals die auf brüchigem Eis zwischen den Fronten tanzende, das Schießen hemmende Zauberin. Inzwischen: Jubel und Trubel, Ferienheime von Betrieben oder sonstigen Organisationen, Campingplätze und Pfadfinderlager. Was nur tun diese Leute, was fangen die unhimmlischen Heerscharen mit sich an, wenn es regnet?

Doch man lasse sich nicht beirren: Pommerns Küste ist lang. Immer ein wenig weiter nur, und die Betriebsamkeit verebbt, als gäbe es sie nicht. Zwischen Dünenketten und sanftem Wellenschlag kann man dann für Stunden wandern, ohne auf Menschen zu treffen, auf dem allerfeinsten Sandstrand, der sich erträumen läßt.

Hundegebell, vielstimmig, gehört wohl überall zu den Dörfern alter Art. Wie einst zu Pommern, gehört noch heute zu Pomorze, daß die Hunde in den charaktervollsten und kuriosesten Mischungen sich zeigen, vom modernen Kult der Stammbäume, vom Wahn der Artenreinheit und vom Fallbeil unserer Rassenwarte gnädig verschont.

Besuche in den Dörfern

Fahrten durchs pommersche Land, Fahrten durch die Dörfer: Schöner sind sie kaum geworden, nein, wirklich nicht. Das Verschwinden der Strohdächer und weitgehend auch der Ziegeldächer zugunsten des Blechs, bei Neubauten das Vordringen des Betons, zu lieblosen, zwei- und manchmal sogar mehrstöckigen Einheitsbauten mit Flachdach gefügt: Zum Wohlgefallen des Betrachters tragen solche Neuerungen schwerlich bei. Freilich sollte man gerecht sein: Auch in den Dörfern der Bundesrepublik hat jener Kahlschlag einer heruntergekommenen Moderne schlimm genug gewütet, den die Gartenzwerge, Miniaturwindmühlen und Hollywoodschaukeln bloß noch unterstreichen. Hinter Platten und Putz verschwundenes Fachwerk, Glasbausteine, Jägerzaun und Waschbeton, billiger Einheitsstil der Supermärkte, der Siedlungen für Pendler oder der Lagerhallen, die vom preiswerten Baugrund angelockt wurden – wer kennt die Sünden nicht? Hier allerdings, in Pomorze, kommt eine gewisse Schäbigkeit hinzu. Vieles Alte wirkt abgetakelt, wackelig und windschief, und am Neuen bröckelt schon wieder der Putz. Vor allem macht sich ein chronischer Mangel bemerkbar, eine offensichtlich unheilbare Krankheit nicht nur Polens, sondern aller Länder des real existierenden Sozialismus: der Mangel an Farbe.

Und doch und zugleich: Wer einmal von den eigenen, eingefleischten Zwangsvorstellungen des penibel Aufgeräumten, Keimfreien und reklamehaft Bunten sich befreit, der entdeckt das noch ungebrochene dörfliche Leben. Alte Bäume und junges Gesträuch überall. Kinder erst recht. Aus den Vorgärten leuchtet es, denn die heutigen Bewohner lieben Blumen wie ihre Vorgänger. Und sogar dem Unnützen bleibt Raum; keine chemische Keule erschlägt den Huflattich und die Brennessel. Tiere gibt es wie je, Katzen natürlich – und Hunde in den charaktervollsten oder kuriosesten Mischungen, vom Kult der Stammbäume und vom Fallbeil unserer Rassenwarte gnädig verschont. Hähne krähen auf dampfenden Misthaufen, Hühner gackern und scharren im Sand. Auf dem Weg zum nahen Bach oder zum Dorfteich überqueren Enten die Dorfstraße, gemächlich schaukelnd. Ganz besonders aber fällt das Weiß jenes Schnattervogels ins Auge, der eigentlich neben dem Greifen es verdient hätte, als zweites Wappentier Pommerns geehrt zu werden: die Gans. Zischend zum Gruß und zur Warnung des auf-

Trieglaff, Kreis Greifenberg/Trzygłów

Glowitz, Kreis Stolp/Główczyce

Geschnatter – das läßt ein pommersches Herz höher schlagen: Ihrer Natur gemäß, vertraut mit Wasser und grüner Weide, wachsen die Gänse heran.

Neben Gänseklein, Gänseschwarzsauer und vielem anderen stammt von ihnen die unvergleichliche »Spickgans«, die geräucherte Gänsebrust. Wahrlich: Neben der Fabelfigur des Greifen hätte der grauweiße Schnattervogel es verdient, als zweites Wappentier des Landes geehrt zu werden.

Als sei es die Dünung der nahen See, hebt und senkt sich das Land in sanfter Bewegung, und der Wind wiederum kräuselt Wellen ins Getreide. Bäume und Buschgruppen malen ihre Zeichen wie die Alleen; dunkel begrenzt der Wald die Weite des Blicks. Wirklich flach sind eigentlich nur die moorigen Wiesen, vom Jungvieh und von den Kuhherden schwarz-weiß übertupft. Die Moore selbst aber: ein Atem noch vom Ursprünglichen. Verschwenderische Vielfalt der Gräser, Kräuter und Farne, Erlen- und Birkenanflug; am Wasser stehen unbeweglich die Fischreiher. Freilich auch Stechmücken gibt es da in Schwärmen, und Pferdebremsen, die die Pferde überdauert haben, stürzen sich um so blutrünstiger auf die Menschen, die im vorsichtigen Tasten oder im kühnen Sprung von Grassode zu Grassode sich hierher vorwagen.

In Pommern gehörte zwischen den Weltkriegen fast die Hälfte der landwirtschaftlichen Nutzfläche zum – meist adligen – Großgrundbesitz. In Pomorze ist der Anteil der Großlandwirtschaft noch gewachsen; Staatsgüter, in Direktionen von mehreren tausend Hektar zusammengefaßt, bestimmen weithin das Bild. Im deutlichen Gegensatz zur Misere der Zwergbetriebe in Polens alten Kerngebieten können diese Großbetriebe durchaus modern und rationell arbeiten. Sie erwirtschaften steigende Erträge und können investieren; Pferde sind so selbstverständlich wie im Westen von Traktoren und Mähdreschern abgelöst worden.

Bei Glowitz, Kreis Stolp/Główczyce

dringlichen Heimkehrers stellt sich der Ganter vor seine Herde und führt sie an den Ort, der als Natur ihr gebührt: ans Wasser und auf die grüne Weide. Schweine rekeln und suhlen sich; Schafe, Kühe und Pferde grasen auf Koppeln, die noch nicht vom elektrischen Draht, sondern von Holzzäunen markiert werden – oder angepflockt am Wegrand, um dort die Gräser und Kräuter zu nutzen, die eine weise Straßenverwaltung ungeschoren davonkommen läßt: dem Menschen verbundene Kreatur, zum Anfassen verführend.

Aus der Vielzahl von Dörfern wählen wir eines zum genaueren Hinsehen aus: Trieglaff, Kreis Greifenberg, heute Trzygłów. Einst, in grauer Vorzeit, stand hier das Heiligtum des dreiköpfigen Wendengottes, an das der Name erinnert. Im ersten Drittel des 19. Jahrhunderts kam Trieglaff durch Einheirat in den Besitz der Thaddens. Der erste Namensträger am Ort, Adolf von Thadden, gehörte zu den weithin bekannten Schafzüchtern. Mehr noch wurde er bekannt als ein Begründer der von Gutsherren getragenen pietistischen Erweckungsbewegung, die Hinterpommern machtvoll durchlief. Und weil er mit der halb orthodox erstarrten, halb liberal verflachten Amtskirche sich überwarf, ließ er im Dorf ein zweites Gotteshaus errichten – symbolträchtig bis weit in die Zukunft hinein. Denn aus diesem Spannungsverhältnis stammt noch der Ansatz der evangelischen Kirchentage, wie ihn der Urenkel Reinold nach 1945 entwickelte. Die Bewegung frommer Gutsherren hat übrigens auch Bis-

Zentrale Futteraufbereitungsanlage einer Güterdirektion. Weil Polen die Devisen zur Einfuhr von Kraftfutter nicht aufbringen kann, sind solche Anlagen für die Aufzucht des Viehs und für die Milchleistung der Herden entscheidend wichtig.

In Zemmin, Kreis Stolp/Ciemino

Bei Glowitz/Główczyce

marck berührt; von Kniephof ritt er herüber, freilich nicht bloß zum Beten, sondern um Marie von Thadden zu verehren. Der Glaube schwächte nicht etwa, sondern stärkte das junkerliche Selbstbewußtsein. Als sich im Ansturm der Revolution von 1848 viele zunächst wegduckten, standen die pommerschen Pietisten aufrecht, nach dem alten Wahlspruch ihres Landes: In Treue fest. Wovor denn sollte man sich fürchten, wenn man wußte, was einen erwartete – nämlich, wie Adolf von Thadden einprägsam formuliert, »ein ehrlicher Galgen und eine fröhliche Auferstehung«? Eine Urenkelin ist dann tatsächlich hingerichtet worden, ein Jahrhundert später, 1944: Elisabeth von Thadden als Mitglied des Widerstandes gegen Adolf Hitler.

Als die Sieger von 1945 Einzug hielten, ergab sich eine seltsame Situation: eine konfliktreiche Zweiteilung des Dorfes zwischen den zunächst herrschenden Russen und den allmählich nachrückenden Polen, mit den verbliebenen Deutschen teils als den doppelten Opfern, teils von der einen Seite gegen die andere ausgespielt und geschützt. Als dann die Russen abzogen, sprengten sie »ihre« Kirche, sei es im demonstrativen Unglauben, sei es den Polen zum Hohn. Doch Gott zum Lob blieb ja noch die zweite.

Heute regiert im Schloß Herr Momot als Güterdirektor. Wenn schon in Pommern der – meist adlige – Großgrundbesitz eine wichtige Rolle spielte, nach dem Ersten Weltkrieg mit der Hälfte der landwirtschaftlichen Nutz-

Die Milchbank oder die am Wegesrand weidende Kuh, das einsame Gehöft inmitten der Felder, das bescheidene Freizeitvergnügen auf holprigem Grund: Überall fühlt sich der Besucher um ein oder zwei Menschenalter zurückversetzt; sein Entzücken gilt der im Westen längst verlorenen Idylle.

Alles fordert freilich seinen Preis. Harte Arbeit bei kargem Einkommen bildet die Kehrseite der Idylle. Im schroffen Gegensatz zu den staatlichen Großbetrieben wirtschaften die Bauern zwar auf eigenem Boden, aber durchweg auf Zwerghöfen – in Pomorze von durchschnittlich neun, in Polen insgesamt von kaum fünf Hektar –, die über eine mühsame Eigenversorgung hinaus kaum Marktleistungen erbringen. Das mangelnde Einkommen erschwert oder blockiert zugleich die Modernisierung: ein Kreislauf der Rückständigkeit, aus dem es kaum einen Ausweg gibt.

Neben den großen und namhaften Seen gibt es in Hinterpommern unzählige, die kaum eine Karte verzeichnet. Hier der »Herrensee« in Trieglaff, Kreis Greifenberg/Trzygłów, an den sich nur ein paar Schritte weiter der »Bauernsee« anschließt. Einen Dorfteich gibt es außerdem; das Gänsebild auf Seite 27 stammt von ihm.
Vom Gutspark umschlossen liegt der Herrensee hinter dem Schloß von Trieglaff, das seit dem 19. Jahrhundert den Thaddens gehörte. An diesem See hat einst auch Otto von Bismarck gestanden, gesessen und spaziert, vielleicht geträumt; von Kniephof ritt er herüber, um Marie von Thadden zu verehren.

Trieglaff, Kreis Greifenberg/Trzygłów: Traditionsbewußtsein überwächst langsam, aber allenthalben spürbar, den Umbruch der Zeiten. Der pommersche Greif, den die Russen 1945 vom Sockel ins Wasser stießen, als gehe es ums Ertränken, nimmt seinen angestammten Platz wieder ein.

Und das Schloß der Thaddens wird Zug um Zug restauriert. In seinem ältesten Teil, der der Erneuerung noch harrt, soll ein Gästehaus entstehen. Es wird auch und nicht zuletzt die Besucher aus dem Westen willkommen heißen.

geschmückt. Am See gleich hinter dem Schloß nimmt die Fabelfigur des Greifen wieder ihren angestammten Platz auf dem Podest ein, von dem die Russen sie 1945 verstießen und ins Wasser hinabwarfen, als gehe es ums Ertränken.

Im ältesten Teil des Schlosses, der seiner Erneuerung noch harrt, möchte Herr Momot ein Gästehaus einrichten. Unwillkürlich gerät man für die Zukunft ins Träumen: Hier sollte man für einen Ferienaufenthalt Anker werfen. Die Kinder – oder die Enkel – könnten dann im herrschaftlichen See oder im zweiten, gleich angrenzenden sich vergnügen; sie könnten das ländliche Leben kennenlernen und mit den Dorfkindern Freundschaften schließen. Bequeme Tagesausflüge, auch an die Küste, würden das Land ringsum vertraut machen.

Zu den Straßen alter Art gehörte die Zweiteilung. Auf der einen Seite waren sie mit Kopfsteinpflaster befestigt, um ganzjährig schwere Lasten transportieren zu können.

Auf der anderen Seite befand sich der »Sommerweg«, der besseren Jahreszeit vorbehalten und den Pferdebeinen zur Schonung zugedacht. Solche Straßen sind freilich auch in Hinterpommern heute nur noch selten zu finden.

Aber vielleicht hat die Zukunft ja schon begonnen, unscheinbar und eindringlich genug: In der Kirche des frommen Schafzüchters versagte die Orgel ihren Dienst. Sie wurde mit Mitteln restauriert, die der Ur-Urenkel des Erbauers und seine Familie aus dem Westen gespendet hatten, und die Wiedereinweihung wurde mit einem Gottesdienst festlich begangen, der vom Gemeinsamen sprach: vom Frieden und von der Versöhnung.

In Hinterpommern überwiegen die leichten, sandigen Böden. Zwar gibt es Ausnahmen, zum Beispiel im Rügenwalder Amt und – vor allem – im Pyritzer Weizacker. Aber die Regel bilden sie nicht. Darum war und ist die Kartoffel weit wichtiger als die Zuckerrübe.

Und heute wie einst wogt in der Weite der Felder mehr Roggen und Hafer als Weizen oder Gerste. Als Futterpflanze und als Leguminose, das heißt als Stickstoffsammler, ist nach wie vor die Lupine bedeutsam.

Kolberg/Kołobrzeg

Ein sehr unterschiedliches Schicksal traf 1945 die Städte. Der Krieg, bis zum Januar noch fern, hat im Februar und im März viele zerstört, teils durch den Kampf, teils durch den Übermut der Sieger.

Manche aber blieben auch gnädig verschont und zeigen das vertraute Gesicht.

Das Schicksal der Städte

Fahrten durch Pommern, Besuche in den Städten: Sie haben am meisten gelitten, als 1945 der Krieg über das Land brandete. Einige wurden im verbissenen Kampf fast völlig zerstört, Kolberg etwa, als Hafen zur Flucht und zur Rettung über die See verzweifelt verteidigt. Oder Naugard. Und Pyritz, unweit der Oder im fruchtbaren Weizacker gelegen, wo die Kämpfe mit russischen Vorausabteilungen schon Ende Januar aufflammten und sich dann für einige Zeit die Front bildete. Hier hatte im Jahre 1124 der Apostel der Pommern Otto von Bamberg zuerst das Christentum gepredigt; wegen der wohlerhaltenen alten Anlagen mit Stadtmauern und Wehrtürmen sprach man vom »pommerschen Rothenburg«. Dahin, dahin. In andere Städte, obwohl sie praktisch kampflos fielen, schleuderte der Übermut der Sieger die Brandfackel, zum Beispiel nach Stolp.

Wählen wir Kolberg. Die Geschichte berichtet aus dem 9. Jahrhundert von einer slawischen Burg. Salzquellen und die Transportmöglichkeiten des Salzes über die See gaben dem Ort wirtschaftliche Bedeutung, der 1255 lübisches Stadtrecht erhielt und später zu den Mitgliedern der Hanse gehörte. Der mächtige Mariendom stammt aus dem frühen 14. Jahrhundert. Im Siebenjährigen Krieg wurde die preußische Festung schon einmal – nein, dreimal von russischen Truppen belagert und 1761 erobert. Es folgte, 1807, der vaterländische Ruhm: August Neidhardt von Gneisenau und Joachim Nettelbeck, Verteidigung gegen Napoleons Franzosen, militärisch in einem längst verlorenen Krieg zwar wenig bedeutend, doch um so symbolträchtiger. »Kolberg« hieß der letzte große Propagandafilm, der den Willen zum Durchhalten im abermals verlorenen Krieg stählen sollte. Im Frieden, im Zeitalter der Eisenbahnen entwickelte sich die Stadt an der Mündung der Persante zu einem bekannten Badeort, mit 36600 Einwohnern im Jahre 1939.

Inzwischen Kołobrzeg: in den Sommermonaten ein menschenreicher Badeort wie nur je. In der Strandnähe prägen Hotels und Ferienheime das Bild, zum Teil bemerkenswert modern. Großzügige Park- und Grünanlagen schließen sich an. Aber der Wiederaufbau im zerstörten Kerngebiet um den Dom ergibt ein zwiespältiges Stadtbild – oder, strenger ausgedrückt, überhaupt keines. Zwar hat man das Gotteshaus nach seiner beinahe tödlichen Beschädigung in jahrzehntelanger Mühe sorgfältig restau-

Köslin/Koszalin

Neustettin/Szczecinek

riert, im Innern mit den leicht aus dem Lot geratenen Pfeilern, nach außen gewandt mit dem trutzigen Turm, an dessen Hauben im Jahre 1985 noch immer gearbeitet wird. Daneben strebt eine riesige Wohnmaschine himmelan, als wolle sie den Dom übertrumpfen. Dann wieder sieht man Reste vom Alten und kahle Flächen, unter denen man die Trümmer von 1945 ahnt. Geduld ist gefordert, gewiß; auf ein paar Jahre kommt es nicht an. Doch weniges paßt in den Proportionen zueinander, und wenig spricht dafür, daß sich das ändern wird.

Aber vielleicht sollte man in weniger bekannten und gnädiger verschonten Städten mit einem eher durchschnittlichen Schicksal sich umschauen, in Treptow an der Rega zum Beispiel oder in Belgard an der Persante. Treptow: 1939 eine Kleinstadt mit knapp elftausend Ein-

Bad Polzin/Połczyn Zdrój

Neustettin/Szczecinek

Köslin/Koszalin

Naugard/Nowogard

wohnern. Im Jahre 1170 wird der Ort als Siedlung zuerst erwähnt; wenig später begann mit einer Klostergründung der Zuzug deutscher Siedler. 1277 lübisches Stadtrecht, dann Mitglied der Hanse. Das bedeutendste Ereignis in der älteren Geschichte war der Landtag von Treptow im Jahre 1534. Er beschloß für Pommern die Einführung der lutherischen Reformation, die dann Johannes Bugenhagen – in Wollin geboren und mit dem Beinamen »Pomeranus« – organisierte. In der neueren Zeit bis 1945 lebten die Bürger mit Polizeischule und Garnison; sie widmeten sich dem Viehhandel und der Holzverarbeitung; es gab Zucker-, Ton- und Zementfabriken, ein Kalksandsteinwerk, Amtsgericht und höhere Schulen – das Übliche eben eines beschaulichen Landstädtchens.

Belgard, im Jahre 1299 mit lübischem Stadtrecht versehen und 1939 mit knapp fünfzehntausend Einwohnern, war seit alters bekannt durch seine Pferdemärkte. Sonst stieß man auf ähnliche Kennzeichen wie in Treptow, von der Holzverarbeitung bis zur Garnison – die sich heute nicht etwa in eine polnische, sondern in eine russische verwandelt hat. Die Hauptkirche heißt Marienkirche – wie auch in Treptow, wie fast überall in Pommern und darüber hinaus längs der Ostsee von Lübeck bis Danzig. Gotische Gottesburgen aus Backstein, in der Regel mit dem gedrungen wehrhaften Turm, wie er, exemplarisch, am Kolberger Dom zu sehen ist.

Geht man nun durch Städte wie Trzebiatów und Białogard, so drängen sich zwei Stichworte auf, widersprüch-

Widersprüche überall: Wiederherstellung des Alten, zumal der Kirchen, mit Sorgfalt und Sachkenntnis, protzig prahlende Neubauten und gleich daneben die Zeichen des Verfalls – bröckelnde Fassaden und schäbig verschlissene Hinterhöfe. Die Erbkrankheit des Sozialismus allerdings, der Mangel an Farbe, läßt ungewollt ganz eigene, faszinierende Tönungen entstehen, wie man sie sonst nur aus dem Süden Europas kennt.

Stettin/Szczecin

Bad Polzin/Połczyn Zdrój

lich und dennoch zusammengehörig: Verwahrlosung und Idylle. Verwahrlosung zunächst: Es fehlt nicht bloß an der Farbe, die ja auch dem Schutz der Türen, Fensterrahmen und Balken dient. Überall bröckelt der Putz, und die Fassaden, die Häuser überhaupt morschen dahin. Die meisten wären noch zu retten; bei einigen allerdings bleibt wohl nur noch der Abriß und Neubau. Aber die Mittel sind knapp, und die Knappheit wird noch verschärft durch den Irrglauben, man könne durch niedrig gehaltene Mieten jenem Mangel an Wohnraum abhelfen, den man in Wahrheit genau damit produziert.

Idylle zugleich: Im Grunde sieht man alte Bürgerstädte, wie um uns zu verwirren gerade hier bewahrt. Weder gibt es die Blechlawinen von Autos, gegen die man dann, künstlich genug, Fußgängerzonen aufbieten muß, noch unsere Bausünden aus Glas und Beton, alle die mit der Versuchung des Geldes den Stadtvätern abgelisteten Untaten von Banken, Kauf- und Imbißpalästen oder Supermärkten. Und im Mangel an frisch leuchtendem Anstrich entwickeln sich ganz eigene, faszinierende Tönungen, fast wie in alten Städten Südeuropas, dunkler nur, vom Schwarzen über zahllose Zwischentöne bis ins Braune und Graue hinein.

Übrigens gibt es viel Grün – und Ländliches fast: Auf einer Straße mitten in Belgard/Białogard trotten gemächlich die Kühe. Falls wir freilich bei solchem Anblick unserer Neigung zu Hohn und Überheblichkeit nachgeben, zeigen wir nur, daß wir nicht mehr wissen, wie Land-

Trotz oder gerade wegen des Bevölkerungswechsels blieb vieles erhalten, was einmal war. Keine Einkaufs- und Geldpaläste entstellen die Innenstädte. Und weil das Zeitalter der Massenmotorisierung sich verzögert, muß man nicht erst Fußgängerzonen einrichten. Die Straßen laden zum Flanieren, die Plätze zum Verweilen ein; fast überall können die Kinder noch gefahrlos spielen.

Rügenwalde/Darłowo

Treptow a.d. Rega/Trzebiatów

Belgard/Białogard

städte einmal aussahen; in einem Bericht aus Schivelbein – 1928, neuntausend Einwohner – könnten wir nachlesen: »Im äußeren Bilde und in der Zusammensetzung der Bevölkerung ist Schivelbein die typische pommersche Kreisstadt ohne jede nennenswerte Industrie. Neben den Kaufleuten und Handwerkern sind die Ackerbürger mit etwa 10200 Morgen landwirtschaftlich genutzter Fläche beachtlich.« In Treptow/Trzebiatów wiederum findet man die Idylle gleich wenige Schritte neben dem Stadtkern: Stille Spazierwege unter alten Bäumen am Ufer der gemächlich fließenden Rega.

Etwas östlich von Schivelbein/Świdwin liegt Bad Polzin/Połczyn Zdrój, die Kurstadt Hinterpommerns, ein Moor-, Sol- und Stahlbad mit – wie Berichte aus der Vorkriegszeit besagen – »regem Kurbetrieb im Sommer und Herbst«. Den Ort und den Kurbetrieb gibt es noch, verwahrlost-idyllisch; im Kurpark trägt gerade ein Chor von Amerika-Polen patriotische Lieder vor. Fürs Abendessen allerdings bietet sich nur ein einziges Etablissement an, etwas außerhalb des alten Ortskerns. Es dient zugleich der Unterhaltung und dem Tanzvergnügen, mit einer Kapelle, die zwar laute, aber sonst schwerlich modern oder gar modisch zu nennende Musik produziert.

Unwillkürlich gerät man ins Grübeln: Was eigentlich fangen ohne Diskothek und noch kaum motorisiert die jungen Leute mit ihren Abenden oder Wochenenden an,

Belgard/Białogard

Treptow a. d. Rega/Trzebiatów

Belgard/Białogard

Kühe in der Stadt? Ja, warum denn nicht? Wer darüber höhnt, zeigt nur, daß er nicht mehr weiß, wie unsere Landstädte einmal aussahen – und keineswegs nur in Pommern. Die Ackerbürger gehörten zu ihnen, als ein wichtiger Bestandteil der Einwohnerschaft. Und zu den Ackerbürgern gehörte das Vieh.

Eine Kehrseite der Beschaulichkeit, die den Besucher entzückt, bildet die Beschränkung. Abwechslung gibt es in den Kleinstädten kaum. Was eigentlich fangen die jungen Leute mit ihrer Freizeit, mit den Abenden und Wochenenden an, im Winter zumal? Plagt sie nicht das Fernweh? Die Lockungen aus der Ferne, die Bilder und die Rhythmen, die ein anderes Leben versprechen, haben sie doch längst schon erreicht. Wie ein Notschrei, an die Mauer gesprüht, wie eine Parole politischer Auflehnung liest sich der Name des toten Abgotts aus dem Westen.

Treptow a. d. Rega/Trzebiatów

im Winter zumal? Man liest, auf die Mauer gesprüht, als sei es ein Notruf oder politische Parole: »John Lennon«. Haben Kino und Fernsehen und besonders die Botschafter der Musik aus dem Westen, die etwas ganz anderes vortragen als patriotischen Chorgesang, nicht längst die Sehnsucht nach Freiheit und Weite, nach einem neuen und anspruchsvolleren Leben geweckt, dem nicht immer bloß das alte Lied von Beschränkung, Verzicht und vertagter Hoffnung vorgespielt wird? Was also tun in Orten wie diesem Połczyn Zdrój die Altersgenossen unserer »Teenager« und »Twens«? Richten sie sich in den engen Verhältnissen ein, resignieren sie, macht Verbitterung sich breit? Oder gibt es vielleicht einen Zusammenhang mit der Tatsache, daß man so viele junge Ehepaare sieht, die schon mit Kindern reichlich gesegnet sind?

Bad Polzin/Połczyn Zdrój

Naugard/Nowogard

Die Rega bei Treptow/Trzebiatów

Die Wälder und die Seen

Bei Polzin, mit der Ausdehnung nach Süden und Osten, nach Dramburg/Drawsko Pomorskie, Falkenburg/Złocieniec, Tempelburg/Czaplinek, Neustettin/Szczecinek hin, beginnt ein Gebiet, das die »pommersche Schweiz« genannt wird. Eine rundum irreführende und ärgerliche Bezeichnung ist das freilich, so als hätten wir nur den Abglanz und die Nachahmung, nur das Zweitklassige zu bieten! Dabei findet man doch das ganz und gar Eigene, wahrhaft Originale. Gebirge und steile Schluchten, die schwindeln und schaudern machen, gibt es ohnehin nicht; keine »Via mala« weit und breit. In einem Verzeichnis mit dem Titel »Bemerkenswerte Höhen« werden als Gipfelpunkte genannt: Schimmritzberg südlich Bütow 256 Meter, Steinberg zwischen Bublitz und Rummelsburg 234 Meter; es folgen Bullenberg, Hochratzenberg, Dombrowaberg. Insgesamt sieben Erhebungen ragen über die Grenze von 200 Metern hinaus, und um zehn Plätze weiter sind wir dann schon beim sagenumwobenen Revekol mit seinen imponierenden 115 Metern.

Gewiß: Hinterpommern ist nicht flach, wenn man von den Mooren einmal absieht, von denen noch zu reden sein wird, nicht einförmig platt, wie so viele Leute es sich vorstellen, die das Land nie gesehen, aber vielleicht gehört haben, daß die Menschen hier »platt«-deutsch reden. Fast immer gibt es Bewegung, ein sanftes Heben und Senken, wie von der Dünung der nahen See. Doch der Blick wird in die Weite geführt, ohne je zu ermüden. Dünung, Bewegung: Der Wind wiederum kräuselt Wellen ins Korn. Und Zeichen überall: Bäume und Buschgruppen, ein klarer Bach oder kleiner Fluß, der unter Weiden dahinschlängelt, vom überhängenden Gezweig fast verborgen. Ein Gehöft dann und wann, die Allee, die zum Vorwerk oder zum Dorf weist, das sonst sich entzieht, ein Kirchturm vielleicht, der aus der Ferne herauftaucht. Zur Grenze des Blicks dient der Wald, kieferndunkel und birkenhell. Nichts Aufgeregtes also, keine großen Kulissen mit dem Anschein von Abenteuer zum Herzeigen, nur der ruhige Atem dieser stillen Bewegung und Weite.

Hier nun, zum Südosten hin, frischt der Wind ein wenig auf und verstärkt die Dünung. Wir sind am pommerschen Höhenrücken. Für die Landwirtschaft ist das ein schwieriges Gebiet mit meist leichten und sandigen Böden. Man sieht Roggen und Hafer, Lupinen und Kartof-

An der Dievenow, nüchtern betrachtet dem rechten Mündungsarm der Oder, sind die Träume zu Hause. An ihrem Ufer lag einst das sagenumwobene, das untergegangene Vineta. Und das Märchen vom Butt, die Geschichte »Von dem Fischer un syner Fru« spielt hier. Kurz vor ihrer Einmündung in die Ostsee weitet sich die Dievenow zum Camminer Bodden, der die Insel Gristow umschließt: einem Paradies für Süßwassersegler, wie es schöner – und weniger überlaufen – kaum zu denken und wohl nirgends zu finden ist.

Etwa von Bad Polzin/ Połczyn Zdrój an nach Süden und Osten hin eine »pommersche Schweiz«? Nein, sondern das wahrhaft Originale: eine Landschaft eher herb als lieblich, immer jedoch das Wasser und der Wald im Widerspiel und Zusammenklang.

Wildgetier gibt es hier in Vielfalt und Fülle. Nur von Menschen, gottlob, wimmelt es nicht.

Am Dratzigsee

feln, aber kaum den anspruchsvolleren Weizen, um von der Zuckerrübe gar nicht erst zu reden. Entsprechend wichtiger wird der Wald, Kiefernbestände durchweg; je weiter nach Osten auf Rummelsburg/Miastko und Bütow/Bytów zu, desto deutlicher beherrschen sie das Bild. Und mit den Waldbeständen vermehrt sich das Wild, besonders das Schwarzwild. Im Kreise Rummelsburg lag das Bismarcksche Varzin, in seiner Nachbarschaft das Zitzewitzsche Püstow, berühmt für seine Hochwildjagd. Da nämlich schoß man die Wildschweine wie anderswo Hasen, zum Beispiel bei einer einzigen Treibjagd mit wenigen, allerdings sorgsam ausgesuchten Schützen 120 Stücke Hochwild, davon 86 Sauen. Zur Kehrseite gehört dann eben nur die geringe Ertragskraft der Landwirtschaft. Wie Otto von Bismarck einmal an seine Frau schrieb: »Geld ist dort schwer zu finden in den Rummelsburger Bergen.« Oder wie es ein Besucher drastisch gesagt hat: »Der uralisch-baltische Höhenrücken ist nur geeignet für den Kiefernspanner, die wilden Schweine und die pommerschen Ureinwohner.«

Doch sage nur niemand, daß der Besuch sich nicht lohnt. Wer die Morgenfrühe so wenig scheut wie die Abenddämmerung, kann das Wild beobachten, gegen das die Bauern noch heute die »Scheuchen«, die Menschenattrappen, in ihre kargen Felder pflanzen, vermutlich mit so geringem Erfolg wie eh und je. Man kann auch den Greifvögeln zuschauen, vom Bussard bis zum Roten Milan. An den Waldrändern und Lichtungen wimmelt es

Am Dratzigsee

Die Drage bei Falkenburg/Złocieniec

Wohl auf keine andere Weise könnte man die stille Schönheit Hinterpommerns so angemessen erleben und so tief auf sich wirken lassen wie bei einer Bootswanderung. Die kleinen Flüsse, die vom baltischen Höhenrücken nach Norden zur Küste ziehen, bieten sich dafür an: Rega, Persante, Wipper, Stolpe, Lupow und Leba. Am schönsten aber wäre es in der Gegenrichtung, nach Süden hin auf der Küddow oder der Drage, vielleicht bis zur Netze hinunter. Allerdings darf man die Zeit nicht zählen: In jedem der buchtenreich verzweigten Seen, die man durchfährt, könnte man für Tage sich verlieren.

Am Streitzigsee

Mit gepflegten Anlagen, mit Spazierwegen und Bänken unter alten Bäumen liegt Neustettin/Szczecinek direkt am Ufer des weitläufigen Streitzigsees. Hier wäre man für einen Segelurlaub am rechten Ort, ohne das Boot mühsam vom Westen her mitschleppen zu müssen.

Es gibt den Segelclub, der für wenig Geld gern ausleiht, was man braucht. Typischer freilich als die schnittige Yacht bleibt überall der alte, behäbig geruderte Kahn, aus dem die Männer ihre Angelruten werfen.

Neustettin/Szczecinek

von den roten Waldameisen, die ihre Nadelburgen auftürmen, meter- und manchmal fast mannshoch. Es heißt, daß es gegen das Reißen hilft, wenn man nackt sich hineinsetzt. Aber das sollte man wohl besser erst mit dem kleinen Finger probieren. Von Menschen allerdings wimmelt es nicht. Für Stunden könnte man wandern, ohne auf sie zu treffen, vom Förster, Waldarbeitern, einem Bauern oder dem Schäfer vielleicht abgesehen.

Freilich unversehens sind wir nun übers Ziel schon hinausgeschossen und kehren zurück in das Gebiet etwa von Dramburg/Drawsko Pomorskie bis Neustettin/Szczecinek. Was hier vor allem zum Entzücken verführt, sind die Seen: kleine und große, schilfumstanden oder waldverschwiegen, buchtenreich verzweigt und in vielen dieser Buchten von der weißen Wasserrose geziert, von Libellen überschwirrt, von den Stockenten, Bleßhühnern, Haubentauchern und der Vielzahl ihrer nahen oder weitläufigen Verwandtschaft durchfurcht, denen das Schilf die Brutplätze sichert.

Wer den Juchhei-Dudeldumdei-Betrieb an westlichen Seen gewöhnt ist, den mag die Beschaulichkeit beinahe schockieren, die ihn hier erwartet, sogar auf der Höhe des Sommers. Kein ungeduldiges Tuckern oder Aufheulen von Motoren, kein Imponiergehabe moderner Akrobaten auf Wasserskiern – und kein Publikum dafür. Auch das Zeitalter der Surfbretter verzögert sich. Da und dort sieht man auf den größeren Seen einmal ein Segel, so als sollte

Zum Entzücken des Besuchers gehört, daß der chemische Tod aus Menschenhand noch nicht gesiegt hat. Sei es Kornblume oder Kamille, Klatschmohn oder Blutweiderich: Überall am Rande der Wege und Felder, an den Uferböschungen duftet und blüht das angeblich Unnütze, von Schmetterlingen sanft überschaukelt.

es die Stille noch unterstreichen. In Neustettin/Szczecinek, dessen Promenade direkt am Ufer des Streitzigsees liegt, gibt es den Bootsbauer, den Segelmacher und ein Klubhaus der Segler; man könnte dort sich anfreunden und ein Segelboot leihen. Weit typischer aber bleibt der alte, behäbig geruderte Kahn, aus dem Männer ihre Angelruten auswerfen. Manchmal sieht man ein Zelt, nur selten eine Andeutung von Campingplatz. Und garantiert kann man nur wenig weiter gleich wieder eine Bucht oder Halbinsel ganz für sich haben – oder auch den kompletten See. Wahrhaftig: Wer die Ruhe und die Weite sucht, den anderen Rhythmus des Ostens, der ist am rechten Ort.

Oder vielleicht würde es die Krönung bedeuten, wenn man mit einem Faltboot käme. In Tempelburg/Czaplinek könnte man die Reise übers Wasser beginnen und schon dort, im weit verzweigten Dratzigsee, für Tage sich verlieren. Aber ein verschwiegener Fluß wartet, wie er schöner nicht zu denken ist: die Drage. Zwischen den Ufern voll Schilf oder unter Bäumen treibt man mit einer sanften Strömung gemächlich voran, manchmal von Enten und Gänsen, immer von den Libellen begleitet, bis man den Großen Lübbesee erreicht. Wohl überall kann man sein Zelt aufschlagen, wohl überall wird der Bauer für ein paar D-Mark gern seine Wiese zur Verfügung stellen, Brot und Milch noch dazu. Und wohl unwiderstehlich wird dann die weitere Flußwanderung locken, bis hinunter zur Netze. Eine andere, nicht weniger reizvolle Möglichkeit bietet die Küddow, vom Virchower See durch den Vilmsee bis Schneidemühl/Piła.

Was für ein Land! Nur dies scheint als Warnung geboten, dies um so dringender allerdings: Man könnte daran sich verlieren.

»Der Wald steht schwarz
und schweiget,
und aus den Wiesen
steiget
der weiße Nebel wunderbar.«

So haben wir es bei Matthias Claudius gelernt, aber nur noch selten bekommen wir das Schauspiel zu sehen: nach einem sonnenwarmen Tag aus dem Kontrast zur Abendkühle geboren diese Hülle so dicht über dem feuchten Grund.

Was wir noch kennen, ist etwas ganz anderes: die »Sichtweite unter fünfzig Metern«, in die wir lebensverachtend hineinrasen.

Oben und unten: Am Streitzigsee bei Neustettin/Szczecinek

Die Seen im südlichen Hinterpommern: Fast immer umdrängt sie dunkel der Wald, manchmal so dicht und verschwiegen, daß nur der Kundige sie findet. Und nirgendwo hat bisher ein lautstarker Massentourismus sie entstellt. Im Schilf sind die Stockenten, die Bleßhühner und Haubentaucher mit all ihrer nahen oder weitläufigen Verwandtschaft zu Hause. Schwalben zacken millimeterscharf über das Wasser, während ihnen entgegen die Hechte emporschnellen. In vielen Buchten blüht die weiße Wasserrose, von Libellen überschwirrt. Ach, und dann die Gerüche erst, in denen unsere Kindheitserinnerungen unverlierbar aufbewahrt werden, diese Mischung aus Frische und Moder!

Am Streitzigsee

Den Millionenmassen am Mittelmeer, den Fernwehtouristen an südlichen Stränden gilt ein Tag ohne Sonne als verloren, verständlich genug: Was sollen sie tun? An Pommerns verschwiegenen Seen kommt solche Verlegenheit gar nicht erst auf. Wasser und Wald in die Wolken verschwebend, Vogelrufe aus dem Rohr, die Würze überall und jeder Atem Genuß: Ein Tag voller Regen ist zum ganz eigenen Erleben, zum Bewahren, zum Erinnern gemacht – ein gewonnener Tag.

Winterbilder

Ein Lied, hinterm Ofen zu singen

»Der Winter ist ein rechter Mann,
Kernfest und auf die Dauer,
Sein Fleisch fühlt sich wie Eisen an,
Er scheut nicht Süß noch Sauer.«

So beginnt ein Gedicht von Matthias Claudius. Es beschreibt einen gestrengen Herrscher und endet mit den Zeilen:

»Und wenn er durchzieht, stehen wir
Und sehn ihn an und frieren.«

Winter bedeutete einmal, vor dem Zeitalter des elektrischen Lichts: die nur mühsam erhellte Dunkelheit. Vor allem bedeutete Winter in der angeblich guten alten Zeit: Beschränkung. Der Mangel, nicht selten die bittere Not, der Hunger bedrohte die Menschen wie die Tiere. In der Landwirtschaft sprach man vom »Schwanzvieh«, das nach den Entbehrungen des Winters zu schwach war, um auf die Beine zu kommen und daher am Schwanz auf die Frühjahrsweide geschleppt werden mußte. Den Menschen drohten Mangelkrankheiten, zum Beispiel die »englische Krankheit«, die Rachitis; zu den Schrecken meiner Kindheit gehörte der im Winter unabwendbare, alltägliche Löffel Lebertran, der den Mangel abwenden sollte. Oder es drohte Skorbut, weil frisches Obst und Gemüse nicht zu beschaffen waren.

Beinahe jeder Verkehr kam zum Stillstand, wenn der Eisgang auf den Flüssen und vor der Küste die Schiffe im Hafen festhielt, während auf den Straßen die Wagenräder entweder im Morast oder in den Schneewehen versanken; nicht von ungefähr hießen die für Pferdebeine gemachten Straßen bis 1945 »Sommerwege«. Sogar der Krieg kam zum Stillstand; die Heere zogen ins Winterquartier. Wenn sie es nicht mehr erreichten und sich vom Winter auf dem Marsch überraschen ließen, war die Katastrophe schon nahe, wie 1812 für Napoleons sieggewohnte Große Armee in Rußland.

Für Handel und Wandel schuf erst der Bau der Eisenbahnen Abhilfe. Wie es vorher im marktfernen Hinterpommern aussah, selbst als es schon befestigte Chausseen gab, schildert anschaulich ein Bericht der Stolper Kaufmannschaft: »Bisher war unsere Verbindung mit der Außenwelt nach Schluß der Schiffahrt so gut wie unter-

Vom hinteren Hinterpommern aus gerechnet liegt Rußland – sogar mit der alten Grenze zwischen Memel, Tilsit und Tauroggen – näher als Hamburg. Der Einfluß des Golfstroms nimmt ab, der der Kontinentalmassen zu.

Mit noch weit mehr Recht als der »Wandsbecker Bothe« Matthias Claudius können daher die Pommern ihr Lied singen von einem Winter, der »kernfest und auf die Dauer« sich bei ihnen einrichtet.

Erinnerung an die Kindertage, an den Schulweg, dick eingemummelt durch die beißende Kälte: Die Ohrenschützer gehörten wie die Pulswärmer zur Standardausrüstung.

brochen, wenigstens blieb uns alsdann nur als Kommunikationsmittel der teure und träge Transport auf Lastfuhrwerk übrig, der in bezug auf Schleunigkeit und Billigkeit den Ansprüchen der modernen Zeit bei weitem nicht mehr genügte. Der Kaufmann war daher gezwungen, die ihm im Winter von dem Landmann zugeführten Produkte aufzuspeichern und bis zur Wiedereröffnung der Schiffahrt zu warten, um sie in den Handel und zum Versand zu bringen. Es liegt wohl auf der Hand, daß durch die Aufspeicherung dem Kaufmann Zinsen und Unkosten erwuchsen, die lediglich der Produzent allein, also in dem angezogenen Falle der Landmann, bei Berechnung des Wertes seiner Lieferungen tragen mußte. Ebenso war auch der Geschäftsmann, der sich die Heranschaffung und den Verkauf der von außerhalb zu beziehenden Bedarfsgegenstände zum Erwerbszweig erkoren hatte, genötigt, für seine Kunden im Winter ein besonderes Warenlager hinzulegen und die darauf ruhenden Spesen den Konsumenten natürlich im Preise anzurechnen.«

Man tat also gut daran, sich rechtzeitig mit Vorräten einzudecken, um nicht zu sehr in die Teuerung zu geraten. Und danach tat man gut daran, so gut es eben ging die dunkle Zeit am wärmenden Ofen zu überdauern. Nicht von ungefähr heißt Claudius' Gedicht: »Ein Lied, hinterm Ofen zu singen.« Wie dann das Ende des Winters geradezu als Auferstehung erlebt und gefeiert wurde, kann man in Goethes »Faust« nachlesen, im Monolog zum Osterspaziergang:

»Sie feiern die Auferstehung des Herrn,
Denn sie sind selber auferstanden:
Aus niedriger Häuser dumpfen Gemächern,
Aus Handwerks- und Gewerbesbanden,
Aus dem Druck von Giebeln und Dächern,
Aus der Straßen quetschender Enge,
Aus der Kirchen ehrwürdiger Nacht
Sind sie alle ans Licht gebracht.«

Matthias Claudius lebte allerdings nicht in Hinterpommern, sondern in Wandsbek bei Hamburg. Von Stolp aus liegt die russische Grenze – sogar die von 1914 zwischen Memel, Tilsit und Tauroggen – näher als Hamburg. Der mildernde Einfluß des Golfstroms nimmt ab, der der Kontinentalmassen zu. Mit weit mehr Recht als der »Wandsbecker Bothe« konnten daher die Pommern von Wintern erzählen, die »kernfest und auf die Dauer« waren. Und sie machten sich ihren eigenen Reim:

Dorfschule zwischen Rumbske/Rumsko und Rowen/Równo

Rumsko

Rumbske, Kreis Stolp/Rumsko

»Ein rechter Bauer alter Art
trägt seinen Pelz bis Himmelfahrt.
Und vierzehn Tage nach Johann,
da zieht er ihn schon wieder an.«

Johannistag ist der 24. Juni. Zum Überleben wurde auch empfohlen: »Ohne Fußsack darf der Pommer nur vom 27. Juli bis zum 3. August reisen.« Dabei sind warme Sommer eigentlich die Regel, wieder bedingt durch die Nähe der Kontinentalmassen. Aber darf man je sicher sein? In einem Bericht über das Klima wird nüchtern festgestellt: »Auf dem Landrücken dauert die Wintertemperatur sehr lange an, um dann häufig in krassem Wechsel der sommerlichen Wärme zu weichen. Ein eigentliches Frühjahr fehlt fast ganz. Die Wärme tritt häufig ganz unvermittelt ein, wird aber nur zu oft von gefährlichen Nachtfrösten unterbrochen. Im südöstlichen Teile Hinterpommerns dauern die Nachtfröste regelmäßig bis in den Mai hinein. Nachtfröste im Juni, ja selbst im Juli sind keine Seltenheit. Ausnahmsweise, zum Beispiel im Jahre 1924, ist es sogar vorgekommen, daß bis in den Mai hinein Schnee gelegen hat. Vereinzelte Schneefälle im April und Mai sind an der Tagesordnung. Die ersten Herbstfröste setzen regelmäßig bereits in der ersten Oktoberhälfte ein.«

Von den Freuden des Winters

Vergolden die Erinnerungen, täuschen sie sogar? Oder verliert die Natur in dem Maße ihren Schrecken, in dem wir die Macht gewinnen, sie zu beherrschen? Vielleicht wirkt beides zusammen. Aber wie es auch sei: Beim Betrachten von Winterbildern taucht in der Erinnerung an eine Kindheit und Jugend in Pommern nichts dunkel Bedrängendes auf, kein Mangel und kein Schrecken, sondern eine Vielzahl von Freuden.

Ein Zauber hat die Landschaft berührt. Die Bäume im Park, die Alleen, die Wälder kommen ganz neu in den Blick, wenn der Rauhreif sie schmückt. Die Weite der Felder weitet sich noch, wenn der Schnee sie bedeckt. In der Wintersonne, die milde durch Dunstschleier dringt, spiegelt sich das Eis, das halb schon den Bach bedeckt. Ein Ausflug an die Ostsee zeigt seltsame Bilder, die kein Sommerbesucher je zu sehen bekommt. Das Leuchtfeuer auf der Hafenmole von Stolpmünde hat sich zum bizarren Eispalast verwandelt; auch am Strand türmen sich die Schollen aus Eis, nach einem Sturm zu ganzen Wällen aufeinandergeworfen.

Auf dem Dorfteich beginnt das Schlittschuhlaufen. Das heißt, richtige Schlittschuhe sind selten, eigentlich ein Luxus. Den meisten Dorfkindern haben die Väter nur Stahldrähte unter die Holzpantinen gezogen. Aber was tut's? Auch darauf kann man vortrefflich gleiten, mit dem richtigen Anlauf vom Ufer herab beinahe quer über den ganzen Teich. Oder man kann »peken«: mit einem Stock sich voranstaken, der unten mit einer Nagelspitze versehen ist. In Karzin allerdings, wo die Großeltern leben, bringt die Großmutter, die alle »Frau Liebe« nennen, als Siebzigjährige dem stolpernden Enkel die wahre Eleganz auf Schlittschuhen bei.

Etwas später, wenn das Eis immer mehr gewachsen ist, wird es aufgebrochen, in Schollen zersägt, auf Wagen gewuchtet und in den Eiskeller gefahren: eine besondere, winterliche Art von Ernte. Der Eiskeller ist an einem nördlichen Hang in die Erde gegraben, mit starker, doppelter Überdachung – oder sogar mit der dreifachen. Denn im Sommer wird die Sonne vom dichten Laubdach alter Buchen ferngehalten. Hier, in seiner Winterherberge, schmilzt das Eis nur ganz langsam ab. Im Kern hält es sich über das ganze Jahr, so daß man Fleisch, Fisch und alles sonst Verderbliche aufbewahren kann. Und dem Sommerbesucher aus der Stadt, der von »Eisdielen« be-

In der Kindererinnerung an Winterfreuden leuchtet zuerst das Schlittenfahren auf, dann das Rodeln und das Schlittschuhlaufen auf dem Dorfteich. Richtige Schlittschuhe waren allerdings ein Luxus; den meisten Kindern hatten die Väter nur Stahldrähte unter die Holzpantinen gezogen.

Aber auch damit konnte man trefflich gleiten – oder »peken«: mit dem Stock sich voranstaken, der unten mit einer Nagelspitze versehen war.

Rowen, Kreis Stolp/Równo

richtet, in denen man angeblich Eis sogar ißt – für teures Geld! –, diesem Besucher kann man den Eiskeller mit Stolz vorführen: So etwas haben wir schon lange.

Natürlich: Daß die Straßen verwehen, gehört zum Winter. Das Auto ist also auf der Fahrt nach Stolp wieder einmal bei Beckel im Schnee steckengeblieben und mußte mühsam freigeschaufelt werden. Doch dafür beginnt jetzt die große Zeit der Schlitten. Am Hang in der Fohlenkoppel wird gerodelt. Noch viel schöner sind die Fahrten im Pferdeschlitten, hinter Dampfwolken aus den Nüstern der Tiere, unterm Schellengeläut. Wen stört schon die Kälte? Man ist ja von Kopf bis Fuß dick eingemummelt. Für die Hände zum Beispiel gibt es erstens über den Strickhandschuhen noch die mächtigen Fäustlinge, zweitens die Pulswärmer, drittens den um den Leib geschnallten pelzigen Muff, in dem man die Hände sicher vergraben kann. Entscheidend ist aber der Fußsack, außen das Leder, nach innen der Pelz; bis hoch an die Brust versenkt kuschelt man sich hinein. Für die Ohren sorgen gleich doppelt Ohrenschützer und Pelzmütze; eigentlich bloß noch auf die Nasenspitze muß man achtgeben. Und, versteht sich, auf den Weg. Manchmal ist er unter dem überwehten Weiß kaum noch auszumachen; plötzlich gerät die eine Kufe in den Graben, und der Schlitten wirft seine ganze Menschenladung in den Schnee. Aber man fällt ja weich, reichlich gepolstert ohnehin; nur Geschrei und Gelächter zeigen weit in die Runde das Unheil an, das keines ist. Im übrigen bewährt sich – wieder einmal –

Jede Jahreszeit brachte ihre besondere Art von Mühe und Arbeit mit sich, so auch der Winter. Aus dem Wald klangen Axt und Säge, auf der Tenne staubte die Dreschmaschine, vom Dorfteich wurden schwere Schollen für den Eiskeller geerntet, die Brennerei kam in Gang. Und in den Wohnstuben surrten die Spinnräder, klapperten die Webstühle. Doch nach der Kürze des Tages ließ sich manche Schummerstunde auf der Ofenbank verplaudern oder verdösen.

»Faust«, der Jagdhund: Zuverlässig gräbt er die verlorenen Handschuhe und Pelzmützen aus dem Schnee hervor und »apportiert« sie, wie sonst die Hasen oder Fasanen.

Für die Erwachsenen bewährt sich der Winter als eine willkommene Zeit des Ausruhens von der harten Arbeit, die von der Frühjahrsbestellung bis zur herbstlichen Kartoffelernte kaum eine Pause zuließ. Gewiß: Jede Jahreszeit kennt ihre eigene Arbeit. Aus dem Wald klingen Axt und Säge, in der Scheune brummt hinter einem Wall von Staub die Dreschmaschine, die Brennerei kommt in Gang. Selbst in den Wohnungen ist man fleißig: Die Spinnräder surren, und in der »guten Stube« wird der Webstuhl aufgestellt, der fürs halbe Jahr auf dem Dachboden geruht hat. Doch die Tage sind kurz; manche Stunde kann man auf der Bank am Ofen verplaudern oder verdösen, aus dessen Röhre verführerisch der Bratapfel duftet.

Ach, diese Gerüche überhaupt und überall! Sie verschweben so rasch. Und sie bleiben dennoch, unverlierbar; sie bilden den Urstoff, aus dem eine Kindheit sich formt, die Schatztruhe des Erinnerns, die bis ins Alter bewahrt, was einmal war. In den Dorfladen mit der Aufschrift »Emil Priedigkeit – Kolonialwaren« locken die frisch gebrannten Mandeln. Zu Hause dreht die Mamsell überm offenen Herdfeuer in einem Eisengestell die Trommel, in der die Kaffeebohnen rösten. Die hohe Zeit der Schlachtfeste ist gekommen, für die Gänse zuerst, dann für die Schweine; in der Räucherkammer reifen die Spickbrüste, die Schinken und die Würste; zum Strauch und zum Sägemehl von Buche und Eiche liefert Wacholder die besondere Würze.

Wahrhaftig, Gerüche überall. Gekochter Leim und harziges Holz beim Stellmacher. Sengendes Horn beim Schmied, wenn am Pferdehuf das glühende Eisen anprobiert wird. Kartoffelflocken und Schlempe in der Brennerei. In der wohligen Wärme der Ställe die charakterfesten Duftnoten bei Schafen, Kühen, Pferden, meist beruhigend stumpf, manchmal – beim Ausmisten – aber auch brennend scharf. Die aufregendste Zeit kommt in den Ställen allerdings erst in der zweiten Winterhälfte aufs Frühjahr hin, in der Hauptzeit des Lammens, Kalbens und Fohlens. Der Kutscher schläft jetzt mehr im Stall als zu Hause, denn unweigerlich setzen bei »Schwalbe«, »Abendröte« und »Standarte« die Geburtswehen zwischen Mitternacht und Morgen ein. Wenn dann stürmisches Klingeln und Klopfen die Nachtruhe unterbricht, weiß jeder: Es ist soweit. Nachdem aber alles glücklich

Nicht zuletzt war der Winter eine Zeit der verlockenden häuslichen Düfte: vom Bratapfel aus der Ofenröhre und von den Spickgänsen aus der Räucherkammer, von Kaffeebohnen, wenn die Mamsell sie in einer eisernen Trommel auf dem Herdfeuer röstete, vom Pfefferkuchen, wenn es auf Weihnachten ging.

In Glowitz/Główczyce

OBIEKT NAWIGACYJNY
URZĘDU MORSKIEGO w GDYNI
NIEUPOWAŻNIONYM
WSTĘP WZBRONIONY

Hafenmole in Stolpmünde/Ustka: ein Kristallpalast, weder für die Sommerfrischler von gestern noch für die Touristen von heute gemacht, sondern den einheimischen Genießern vorbehalten. Eispanzer verwandeln die Seestege und Seezeichen, die Buhnen in bizarre Gebilde. In strengen Wintern friert die Ostsee zu, so weit der Blick nur reicht. Wenn dann ein Sturm die Schollen auf den Strand wirft, türmen sie sich zu wahren Polarlandschaften, denen bloß noch die Pinguine fehlen.

In Glowitz/Główczyce

Das »Lied hinterm Ofen« kann man nur singen, wenn er Wärme spendet. Früher wurde er mit Holz und – vor allem – mit Torf geheizt.

Heute transportieren die Lastenwagen Briketts, Koks, Kohlengrus. Denn die Steinkohle gehört zu Polens wenigen Reichtümern. Ihr beißender Rauch liegt schwer über Dörfern und Städten.

überstanden ist, beglückwünschen sich die Männer mit dem vorsorglich mitgebrachten Schnaps zu ihrem schweren Werk, indessen die kaum noch beachtete Mutter ihr Kind ableckt.

Fragen mögen sich freilich aufdrängen, kopfschüttelnde Bedenken: Was fing man eigentlich mit den endlos langen Abenden an, in die so früh schon die Dunkelheit einbrach, von keinem Fernseh- oder Videoprogramm erhellt? Herrschte, genau betrachtet, nicht weithin der Stumpfsinn, wurde darum so gern und so herzhaft getrunken? Muß man Karl Marx nicht zustimmen, wenn er im »Kommunistischen Manifest« als Errungenschaft der Bourgeoisie preist, daß sie »die Zahl der städtischen Bevölkerung gegenüber der ländlichen in hohem Grade vermehrt und so einen bedeutenden Teil der Bevölkerung dem Idiotismus des Landlebens entrissen« hat?

Mit Verlaub: Solche Fragen sind falsch gestellt. Sie entstammen jener anderen, neueren Welt, die wir mit zweifelhaftem Lob die moderne nennen und zu der es gehört, daß als Gegenstück zur immer drohenden Langeweile die Gier nach Sensationen, nach Zerstreuung und Ablenkung ins Unendliche wächst. Von der Sorge fürs Vieh, vom Spinnen und Weben, vom Putzen, Stricken, Stopfen, Nähen einmal abgesehen: Wozu braucht man die fremden Unterhalter, wenn man selbst aufs Unterhalten, auf das Geschichtenerzählen oder Vorlesen sich vortrefflich versteht? Oder aufs Singen? Denn, in der Tat, sangesfreudig waren die Pommern, in der Kirche ebenso wie in der Küche, kunstvoll vielstimmig auch ohne einen Chorleiter. Und vermutlich gilt das nicht bloß für Pommern, sondern überall in der »vormodernen« Welt. Das Erzählen und das Singen gehört zu ihr; es verstummt in dem Maße, in dem die Lautsprecher aufgedreht werden und die immer neuen, immer gleichen Bilder aus der Ferne uns bestürmen.

Idiotismus des Landlebens? Welch ein Unsinn, von Ahnungslosigkeit vernagelt. Von Idylle ist freilich keine Rede, nur vom Menschlichen in seiner älteren Form, in einer genauen und das heißt auch harten Gestalt. Zum Erzählen gesellen sich als Geschwister die Neugier und der Klatsch. Man lebt ja so dicht beieinander; jeder weiß von jedem schon viel und möchte doch mehr, möchte alles wissen. Zu ihrem Klatsch treffen sich die Männer im Dorfkrug, die Frauen in der Spinnstube. Wer »geht« mit wem, wer sondert sich ab? Für den Außenseiter bleibt zwar Platz, aber kein Ausweg. Die gichtverkrümmte Frau, die sich auf Kräuter und Salben versteht,

Weihnachtserwartung, der Weg zur Christmette. »Und es waren Hirten in derselben Gegend auf dem Felde bei den Hürden, die hüteten des Nachts ihre Herde. Und siehe, des Herrn Engel trat zu ihnen, und die Klarheit des Herrn leuchtete um sie; und sie fürchteten sich sehr.

Und der Engel sprach: Fürchtet euch nicht! Siehe, ich verkündige euch große Freude, die allem Volk widerfahren wird; denn euch ist heute der Heiland geboren, welcher ist Christus, der Herr, in der Stadt Davids.«

Treiberstöcke, an Erdschollen, Steine, die Stiefel geschlagen; Rufe: »Hohoho« oder drohend gedehnt: »Haaas, Haaas«; Schüsse, vereinzelt erst, wie zur Probe, dann rasch, immer rascher zum wildesten Wirbel. Beschleunigter Puls, Jagdfieber: Hasen versuchen, sich hakenschlagend zu retten, ein Fuchs taucht auf, Fasanen stieben empor, Hunde stürzen der Beute nach, die den Treibern entging. Wenn der Kessel eng geworden ist, tönt wieder ein Signal: »Treiber vor!« Die Schützen bleiben stehen und dürfen aus ihrem Ring jetzt nur noch nach außen feuern; verblüffend genug springt manch ein Hase noch unter den Füßen der zusammenkommenden Treiber aus seiner Sasse.

Dem zweiten oder dritten Kessel folgt das Mittagessen. Am windgeschützten Ort lodern die Scheite; neben der Erbsensuppe mit Speck und – als Besonderheit – mit Schweineohren hilft ein klarer Korn zur inneren Wärme. Dann geht es bis in die Dämmerung weiter, vielleicht mit einer Variante im Wald, bei der die Treiberkette das Wild auf die wartende Schützenkette »drückt«. Am Ende wird, schon unterm Fackelschein, auf dem Gutshof die »Strecke gelegt« und von den Jagdhörnern »verblasen«.

Eine Pause, ein Atemholen: Man wäscht sich, ruht ein wenig, zieht sich um. Inzwischen sind die Damen eingetroffen; festliche Garderobe ist nun angesagt, Smoking und langes Abendkleid. Die Tischordnung wird studiert, über der die Gastgeber lange gebrütet haben: Wer führt wen zu Tisch, welche der jungen Leute setzt man kupplerisch zusammen, welche besser nicht? Tischreden: Der Jagdherr ruft den Schützenkönig aus, der sich mit seiner mehr oder minder gelungenen »Damenrede« revanchiert. Später die wogende Geselligkeit: Gläserklirren, Gespräch und Gelächter, Zigarrenrauch, ein Flirt da und dort; manche der Herren können freilich kaum schnell genug an den Billard- oder den Bridgetisch gelangen. Endlich, in der fortgeschrittenen Nacht, die Vorfahrt und Abfahrt der Wagen oder Schlitten, deren Kerzen in den beiden Laternen eher Positionslichter markieren als den Weg erhellen: »War mal wieder prachtvoll, alter Junge ... Bis übermorgen in Zezenow!«

Noch von einem anderen Höhepunkt des Winters muß unbedingt erzählt werden: von Weihnachten. Das Fest hat seinen festen Platz, seine genauen Grenzen. Nicht schon Wochen im voraus beginnt auf Marktplätzen, vor Kaufhäusern, in Vorgärten das Leuchten, sondern präzise am Heiligen Abend, in der Christmette. Es beginnt aus der Hand der »Katechumenen«.

Zwischen Rumbske/Rumsko und Rowen/Równo

Das sind die Kinder, die der Pastor zur Einsegnung hinführt, zwei Jahre oder vielmehr zwei Winter hindurch. Denn im Sommer ist wegen der Pflichten auf Weide und Feld, vom Gössel- und Kühehüten bis zur Kartoffelernte, an Unterricht nicht zu denken. Erst im zweiten Winter spricht man von Konfirmanden, im ersten von den Katechumenen.

Die nun tragen schwer an ihrem Amt. Während der Christmette treten sie vor den Altar, entzünden an seinen Kerzen ein Licht, wenden sich zur Gemeinde und sagen einen Spruch aus den Weissagungen auf. Dann geben sie ihr Licht an den Weihnachtsbaum weiter. So beginnt nach und nach das Leuchten über der Krippe, Spruch um Spruch: »Und du, Bethlehem Ephrata, die du klein bist unter den Städten in Juda, aus dir soll mir der kommen, der in Israel Herr sei, welches Ausgang von Anfang und von Ewigkeit her gewesen ist.« Im breitesten Pommersch hört sich das besonders schön an. Und noch schöner ist es, wenn vor Eifer und Aufregung eines der Kinder ins vertraute Platt zurückfällt, wenn der schwierige Satz: »Derselbe soll dir den Kopf zertreten« umkippt zu: »Derselbe soll dir – den Kopp zerpedden.«

Daß es auf Weihnachten geht, hat übrigens ein paar Tage, vielmehr Abende vor dem Heiligen Abend durchdringend lustvolles Angstgeschrei aus der Küche schon angekündigt: Der Weihnachtsschimmel ist da. Nüchtern besehen handelt es sich um einen maskierten jungen Mann, der sich als Gestell das Vorder- und Hinterteil eines Pferdes umgebunden hat, mit weißen Laken verkleidet. Manche meinen, daß der Weihnachtsschimmel an den germanischen Obergott Odin erinnern soll. Aber wie mischen sich Germanisches und Slawisches zusammen, wer will und wer kann das so genau noch wissen? Die Ursprünge versinken, die Bräuche bleiben.

Den Schimmel begleitet der Bär, eine ganz in Stroh gebundene furchterregende Gestalt, vom Bärenführer an der Kette mühsam zurückgehalten. Und zum Bären gesellt sich der Storch. Eine Trommel wird geschlagen, der »Trecksack«, die Ziehharmonika ertönt, manchmal eine selbstgebaute »Teufelsgeige«. Der Weihnachtsschimmel stößt jeden an oder um, auf den er trifft; der Storch will die Frauen ins Bein beißen; der Bär möchte alle Leute fressen, doch mit Vorliebe junge Mädchen, deren Aufkreischen seinen Appetit deutlich anregt. Zum guten Ende wird ein Korb herumgereicht, und mit Äpfeln, Gebäck und anderen guten Gaben kauft man sich vom Weihnachtsschimmel los.

Natürlich gibt es auch sonst mit den Vorbereitungen auf Weihnachten die Vorfreude. Teig wird gerollt, zu Sternen ausgestochen, die Kuchenbleche werden eingerieben, das Backen beginnt, der Duft von Pfefferkuchen durchzieht das Haus. Und der Junge hat lange über seinem Wunschzettel gebrütet, unfähig, sich zwischen der Dampfmaschine und einer neuen Lokomotive für die elektrische Eisenbahn zu entscheiden. Ohnehin bleiben die Überraschungen nie aus. Zwar, daß die Bärenfamilie wieder einmal Zuwachs erhält, ist fast schon Routine. Um so mehr aber verblüfft das vierrädrige Tretmobil, mit dem man dann auf dem langen Flur vor der Küche fast bis zur Atemlosigkeit rasen kann – oder bis die Mamsell, von den Leuten im Dorf viel treffender »de Köksch« genannt, mit geschwungenem Scheuertuch den Weg sperrt: »Na wart', du kriegst mit diesem!«

Kaum zu ertragende Spannung also, Hinüberschielen zum Gabentisch, wenn die Mutter die Weihnachtsgeschichte vorliest: »Es begab sich aber zu der Zeit, daß ein Gebot von dem Kaiser Augustus ausging, daß alle Welt geschätzt würde …« Flüchtiges Grübeln allenfalls, vom pommerschen Winter umfangen: Was nur hatten die Hirten mit ihrer Herde auf dem Felde zu suchen? »Das Schaf frißt Sand, aber keinen Schnee«, sagte das Sprichwort. Es findet, sollte das heißen, überall noch etwas, sogar auf herbstlichen Stoppelfeldern, die unserem Auge als völlig kahl erscheinen. Aber im Winter braucht es den Stall und die Fütterung. Und warum waren diese Hirten ausgerechnet des Nachts auf dem Felde? Wollten sie nicht gesehen und nicht erwischt werden, hüteten sie etwa auf dem Herrschaftlichen? Das würde zumindest erklären, warum sie so sehr sich fürchteten, als die Klarheit des Herrn um sie zu leuchten begann.

Ach, die Winter- und die Weihnachtsfreude: Wieviel wäre noch zu berichten, zu erinnern an das, was einmal war. Wie die Freude sich fortsetzt am nächsten Tag in der Kirche, von der Gemeinde bis auf den letzten Platz gefüllt, nach guter alter Art Frauen und Männer durch den Mittelgang getrennt, während darüber und für sich im Patronatsgestühl die Gutsherren sitzen. Doch alle singen miteinander, so innig wie kräftig, was sie fühlen:

»O du fröhliche,
o du selige,
gnadenbringende Weihnachtszeit!
Welt war verloren,
Christ ist geboren:
freue, freue dich,
o Christenheit!«

Zum Abschied bläst vom Turm der Chor der Posaunen. Er bläst mit einer solchen Kraft, als ginge es geradewegs gegen Jericho – oder zum Jüngsten Gericht.

Die Sonne versinkt; aus der Ferne ist wie von einem Wintergewitter dumpfes Grollen zu hören. Oder sehr nah schon das Rasseln der Panzerketten?

Wer sich zurückwendet, nach Osten, in die Nacht hinein, sieht weithin den Feuerschein leuchten: brennende Gehöfte, die Dörfer, ganze Städte als Fackeln – Pommern in seinem Untergang.

gehüllt und wie erstarrt von der Angst und der Kälte. Nein, schlimmer: Kleine stumme Bündel werden heruntergereicht, auf dem Bahnsteig abgelegt: erfrorene Kinder.

Weiterfahrt und Ausladen in Pyritz. Auf einmal ist der Feind da, Rudel von Panzern mit aufgesessenen Scharfschützen weit vor ihrer Infanterie. Blitzkrieg, wenn es denn je einen gab, zweieinhalb Wochen bloß für den Wintervormarsch über vierhundert Kilometer von der Weichsel bei Warschau bis fast an die Oder. Der aufgestaute Haß, die Rache der Sieger brandet über ein Land, dem eben noch, nur Tage zuvor, der Krieg fast unwirklich fern schien. Keine Front zunächst; die Panzer und die Reiter umkreisen einander, bis der Kampf sich in Pyritz festfrißt. Menschen, die querfeldein zu entkommen versuchen, Erschlagene überall, die Trümmer von niedergewalzten Wagen, verzweifelt brüllendes oder schon krepiertes Vieh. In den Nächten leuchten weithin die Brände: Gehöfte, ganze Dörfer als Fackeln; Pommern in seinem Untergang, wie im Singsang der Kinder:

»Maikäfer, flieg!
Dein Vater ist im Krieg.
Deine Mutter ist in Pommernland,
Pommernland ist abgebrannt.«

Nur ganz ohne die Maikäfer dieses Mal. Die Siebzehnjährigen kämpfen, wie sie können und wie ältere Soldaten schon kaum mehr es tun. Sie kämpfen und sterben. Aber die Pferde sind wertvoll; wenigstens sie sollen gerettet werden. Darum noch einmal ein Ritt durch die Nacht, der letzte östlich der Oder. Jeder, der überlebte, führt ein oder zwei Pferde mit leerem Sattel neben sich. Bei den Brücken vor Stettin kreisen Flugzeuge und suchen ihr Ziel. Im fahlen Schein einer Leuchtbombe erkennt man den Tod: Leiber von Tieren und Menschen, hingeschmettert und zerrissen. Und Trümmer ringsum, Trümmer von Wagen, hastig zur Seite geräumt. Wie hieß es doch vor Jahren, damals, als der Krieg begann, im Frevel vom Zaun gebrochen, im Triumph hinausgeschrien:

»Mit Mann und Roß und Wagen
hat sie der Herr geschlagen.«

In der Bibel, im 24. Kapitel des Matthäus-Evangeliums hätte man etwas anderes lesen können: »Bittet aber, daß eure Flucht nicht geschehe im Winter.« Jetzt herrscht der Winter, voll von den Bildern des Schreckens.

Rumbske, Kreis Stolp in Pommern: das Gutshaus – oder »das Schloß«, wie die Leute im Dorf sagten –, in dem der Verfasser geboren wurde und aufwuchs. 1847 bis 1848 ließ der Urgroßvater es erbauen, gerade noch rechtzeitig, bevor der Sinn für Proportionen sich verlor. Am Anfang des Ersten Weltkriegs erfolgte eine Umgestaltung, an die sich nach einem Feuer im Jahre 1933 ein weitgehender Neubau unter Wahrung der Grundmauern anschloß. Nicht sofort, aber ein paar Tage nach ihrem Einmarsch im März 1945 haben die Russen Benzinfässer ins Haus gerollt und es niedergebrannt. Es gibt nur Gerüchte darüber, warum sie es taten. »Um Plünderungen zu verhindern«, heißt die absurdeste. Wahrscheinlich handelte es sich einfach um die Siegestrunkenheit, die von der nahen und wohlgefüllten Brennerei herüberschlug. Nach vierzig Jahren ist nichts mehr geblieben, als über halb verschüttetem Kellergewölbe eine Treppe ins Nichts.

1985

Schloß Rumbske

Vor dem Ersten Weltkrieg

Bis 1933

Von 1934 bis 1945

»Luther hat den Krieg verloren«, hieß es schon 1918. Wie wahr dann 1945! Hinterpommern, ein evangelisches Land, ist katholisch geworden, von der Schwarzen Madonna von Tschenstochau regiert. In der heimischen Kirche von Glowitz/Główczyce indessen findet man noch Reste vom alten Patronatsgestühl mit dem Namen Puttkamer und dem Wappen der Krockows. Und es gibt noch eine evangelisch-deutsche Restgemeinde, sehr klein geworden zwar, ganze dreiundzwanzig Seelen, durchweg Frauen, die Polen geheiratet haben. Das Ende ist abzusehen. Aber im einstigen Konfirmandensaal hat diese kleine Gemeinde ihre Heimstatt gefunden. Es wird ihr gepredigt, sie singt und sie betet in deutscher Sprache, vom Harmonium begleitet, dem Spenden aus dem Westen aufhalfen.

Evangelisch-deutscher Gottesdienst 1985

In der Kirche von Glowitz, Kreis Stolp/Główczyce

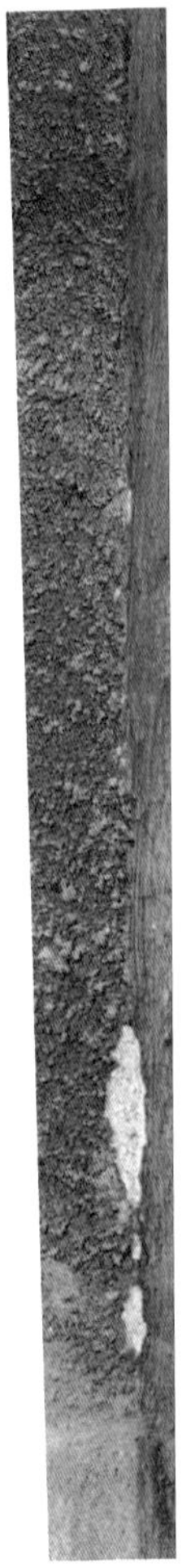

Überal
Putz, ir
an Farl
Tür; es
nur die

Das Einkaufen erfordert Geduld und Glück. Im früheren »Kaufhaus Zeeck« gibt es zwar noch immer das Entzücken aus Kindertagen: den Fahrstuhl mit seinen zierlichen Jugendstilgittern. Aber sonst macht der Rundgang melancholisch.

Der Mangel an Auswahl und an Qualität, der Mangel überhaupt bestimmt das Bild. Im Fahrradgeschäft ein Fahrrad zu erwischen, das gleicht beinahe schon dem Großen Los in der Lotterie.

Zwischen Bahnhofstraße und Rathaus

die Mutter einkaufte, schwebte man auf und nieder, zum Sprechgesang des Fahrstuhlführers: »Bettwäsche, Herren- und Damenbekleidung, Trikotagen ...« Ein Rundgang heute stimmt allerdings trübsinnig; er führt das Ergebnis bürokratischer Zwangswirtschaft vor Augen: den Mangel an Auswahl, den Mangel an Qualität, den Mangel überhaupt.

Immerhin, dann und wann gibt es Lichtblicke. Wanda, die Dolmetscherin aus Warschau, die uns seit Stettin begleitet, hat zwei Träume: Krakau und ein Fahrrad. Das Fahrrad scheint unerreichbar, aber Krakau ist real, und Wanda fragt gleich am Beginn unserer Reise: »Warum fahren wir nicht dorthin? Eine herrliche Stadt.« Gewiß, nur für diesmal nicht unser Ziel. Um abzulenken, vertröste ich: »Warten Sie nur bis Stolp. Gleich hinter dem Hotel gibt es ein Fachgeschäft, da kaufen wir das Fahrrad.« Nach unserer Ankunft betreten wir das Geschäft; soeben ist eine Lieferung fabrikfrisch eingetroffen – gewiß die erste seit langem und nach Stunden schon wieder ausverkauft. Wir erstehen den Traum. Wanda kann sich kaum fassen, sie tanzt eine Mazurka aufs Pflaster: »Ich hab' ein Fahrrad, ein Fahrrad, ein Fahrrad!« Wie lange wohl ist es her, seit wir über eine bescheidene, noch nicht einmal motorisierte Errungenschaft der Technik uns derart gefreut haben?

Die Geschichte endet im Gelächter, denn nun bricht mein Heimatstolz sich Bahn: »Sehen Sie, hier bei uns in Klein-Paris ist es, wie es sein soll!« Und vielleicht ist sogar etwas daran. Słupsk wirkt lebendig, es dämmert weder trübe vor sich hin, wie so manche Landstadt, die wir

Auf dem Wochenmarkt

Immerhin: Ein Hauch von »Klein-Paris« kehrt allmählich zurück. Gerade wurde der Treffpunkt der Eleganz – das Café Reinhardt – wiederhergestellt und neu eröffnet.

Jetzt wird Zug um Zug die Bahnhofstraße restauriert und zum neuen Pracht-Boulevard ausgebaut. Sei es Stolp oder Słupsk: Die Stadt bleibt lebendig und liebenswert.

Am Mühlentor, nahe am Stolpe-Ufer

Zu Stolp gehörten immer die gepflegten Grünanlagen, ein Rosengarten und die »fußläufig« erreichbaren Ausflugsziele »Waldkater« und »Waldkatze«. Słupsk muß da keineswegs zurückstehen. Das Stolpe-Ufer mit dem »Hexenturm« zum Beispiel, vorbildlich hergerichtet und gepflegt, lädt zu beschaulichen Spaziergängen ein. Nach dem Spaziergang kann man am Rande des »Waldkater« im »Kluki« vorzüglich und preiswert essen.

Stadt aufbereiten soll, und wir können nicht umhin, diese Anlage zu besichtigen. Die Leba/Łeba wird folgen, schließlich die Wipper/Wieprza. Einen besonderen Rang haben die Naturschutzgebiete, vor allem das weitläufige, international ausgewiesene an der Küste, das den Garder See, den Lebasee und einen Teil der angrenzenden Moore umfaßt. In der Stadt beginnt jetzt die Einführung von Elektrobussen, die zu einem umweltfreundlichen Nahverkehr beitragen sollen.

Es ist nicht schwer, Schwachstellen zu erkennen, von den schäbigen Hotels und den vielen, höchst dringend erneuerungsbedürftigen Häusern überhaupt bis zum Verkehrssystem; auf den Landstraßen bestimmen überfüllte Uraltbusse das Bild, deren Abgaswerte in der Bundesrepublik gewiß die sofortige Stillegung zur Folge hätten.

Kontraste überall: Verfallsidylle, Vorstadt-Massenquartier, Wiederherstellung des Alten.

Im Gegensatz zu manchen Landstädten, die trübe dahindämmern, wirkt Stolp/Słupsk sehr vital. Die Stadtverwaltung hat sich viel vorgenommen, und trotz der Krisenjahre, die Polen gerade durchlitt, wird mehr investiert denn je zuvor.

Stolz zeigt man dem Besucher die neuesten Errungenschaften, von der zentralen Kläranlage bis zu den Elektrobussen. Auch wenn vorläufig noch alle Schornsteine schwarz qualmen, spielt in Gesprächen mit den Verantwortlichen der Umweltschutz eine überraschend große Rolle.

An der Ringstraße

Westliche Vorstadt

Sanierung im Zentrum

Staat und Gesellschaft, die Partei und die Kirche: Die Kluft, die Polen von Polen trennt, reicht gewiß sehr tief. Daher mag der patriotische Fahnenschmuck aus Anlaß der kommunistischen Staatsgründung eine bloße Pflichtübung sein.

Doch niemand sollte sich täuschen: Auch und erst recht das Geschichtsbewußtsein und der Wille der Nation zu ihrer Selbstbehauptung reichen sehr tief. Wer daran rührt, wird alle Polen einig finden wie kaum ein anderes Volk.

Am Kaufmannswall

Auch aus Stolp/Słupsk wurden in der Zeit der »Solidarität« Unruhen gemeldet. Der Stadt-Präsident wirkt so straff und so schmallippig, daß man in ihm unwillkürlich den vom Generalsregime eingesetzten Offizier vermutet.

Die Schloßkirche

Am Marktplatz

Stadt-Präsident und Vize-Woiwode

Heimat gibt es konkret oder gar nicht. Sie riecht, sie ist zum Anfassen da; sie meint ein Geborgensein in der Kindheit, das als Wegzehrung noch dem Alternden bleibt. Darum wird Heimat mit jedem Menschen neu geboren – und sinkt mit ihm ins Grab.

Die Kinder von Równo, die den Heimkehrer nach Rowen zutraulich, neugierig, lachlustig umdrängen, sind hier geboren worden, wie ihre Eltern und manchmal die Großeltern schon. Und wie der Heimkehrer haben sie hier ihre Heimat, die sie nirgendwo sonst finden können.

Ein fromme
seinem Glai
der Gottesm
Überall flac
zen vor den
dem Abbild
zen Madonn
stochau. Unc
man die Bete
alte und Män
Frauen.

Erbbegräbnis in Rowen/Równo

die Bewohner nicht mehr anzutreffen. Aber niemand weiß wirklich, warum:

»Eine Lustjagd, wie wenn Schützen
auf die Spur dem Wolfe sitzen!
Schlagt ihn tot! Das Weltgericht
fragt euch nach den Gründen nicht!«

Das allerdings stammt aus dem Rachalied »Germania an ihre Kinder« von Heinrich von Kleist.

Inzwischen hat die Natur ihr Werk getan. Kraut und Gestrüpp überdecken gnädig den Schutt, sogar Bäume sind schon herangewachsen zu einem dichten und dunklen Dach. Doch es bleiben bizarre Zeichen: vermooste Säulen, die Schale des Springbrunnens, laubgefüllt. Und über halb nur verschüttetem Kellergewölbe eine Treppe ins Nichts, als handle es sich um die Ruinen eines Maya-Tempels in den Urwäldern des südlichen Mexiko oder Guatemalas. Lichtete man bloß um ein weniges das Gestrüpp und stellte Lampen auf, so ließe sich eine nächtliche Pantomime, ein Schattenschauspiel hier aufführen, vielleicht unter dem Titel: Sic transit gloria mundi.

Seltsames drängt in die Erinnerung, Abwegiges fast, wer weiß schon warum: »Glowitz zwo-vier-und-siebzig« zum Beispiel – das war die Telefonnummer. Dann, so genau und so gegenwärtig wie im Traum, das herbstlich leuchtende Schauspiel: In ihrem besten Sonntagsstaat ziehen die Gutsleute mit Frauen und Kindern heran, die

Entsprechend gilt für unsere eigenen Kinder und Enkel: Ihre Heimat ist, wo sie aufwachsen, also im Westen, in der Bundesrepublik Deutschland.

Man schafft Heimat nicht, sondern zerstört sie, wenn man anderes redet. Und wenn wir die Kinder und die Enkel wirklich lieben, wie das Land im Osten, wenn wenigstens sie von neuem Unheil verschont bleiben sollen, dann darf es keinen anderen Weg mehr geben als den in die Einsicht: Seine Heimat kann niemand abstrakt vererben.

Kapelle vorweg, die einen Marsch intoniert. Im Halbkreis stellen sie sich vor der Treppe auf, auf der wir sie erwarten. Die Erntekrone wird überreicht, kunstvoll aus allen vorkommenden Getreidearten geflochten, aus Roggen, Weizen, Hafer und Gerste, mit bunten Bändern zusätzlich geschmückt. Verse tauchen aus dem Erinnern herauf, der Beginn des Erntespruchs, den ein Mädchen aufsagt:

»Wir grüßen die Herrschaften auf allerbeste
zum heutigen lieben Erntefeste
und wünschen viele Freude, Lust und Heiterkeit
den Herrschaften und den Arbeitsleut ...«

Ein langes Gedicht. Seinem allgemeinen Teil folgt der persönliche, ein Katalog guter Wünsche. Gesundheit steht an vorderer Stelle, aber kaum weniger wichtig ist der Wohlstand:

»Ich wünsche dem Herrn Grafen einen goldenen Tisch,
an jeder der vier Ecken einen gebratenen Fisch.«

Doch für jeden gibt es etwas Besonderes. Die heiratsfähige Tochter bekommt anzüglich zu hören:

»Wir wünschen dem gnädigen Fräulein einen Rosengarten,
darin sie ihren Liebsten kann erwarten.«

Und im folgenden Jahr, drängender, da immer noch kein Bräutigam in Sicht ist:

»Wir wünschen Comtesse Libussa eine Laube von Jasmin,
worin sie kann erwarten – ihn.«

Auch ein Choral wird gesungen: »Nun danket alle Gott.« Darin heißt es:

»Der ewig reiche Gott
woll uns bei unserm Leben
ein immer fröhlich Herz
und edlen Frieden geben
und uns in seiner Gnad
erhalten fort und fort
und uns aus aller Not
erlösen hier und dort.«

Grabkreuz der Ur-Ur-Großmutter

Wer, als wir dies im September des Jahres 1938 miteinander anstimmen, wer hätte geglaubt, daß es dieses Fest mit seinen Sprüchen und Wünschen, mit dem Choral und mit seiner Krone aus Roggen, Weizen, Hafer und Gerste nie, nie wieder geben würde?

Bald fünfzig Jahre ist das nun her. Längst entrann den Teichen das Wasser, und der Park scheint sich selbst überantwortet. Hinter der Wiese lag unter einem dichten Schirm alter Buchen einmal der Tanzplatz. Dort feierte der Kriegerverein sein jährliches Sommerfest, vom Vorsitzenden, dem Oberinspektor Hesselbarth, mit einer Ansprache eingeleitet, in der statt von Pflicht und Schuldigkeit immer von »Schuld und Pflichtigkeit« die Rede war. Der trockene und feste Waldboden, vom Laub gereinigt,

Ki

Ein Traum, unmerklich in den Abend hinein: Der Streit der Menschen scheint ferngerückt wie ihr Lärm. Nur manchmal klingt noch ein Vogelruf, ein Flügelschlag aus dem Rohr. Wenn dann übers Wasser hin der Hauch aus der Nacht schon frösteln läßt und zur Umkehr mahnt, hört man den Schrei der Wildgänse oder Kraniche, die nach Süden ziehen.

Am Lebasee

Wiedersehen mit dem Garder See nach über vier Jahrzehnten, Erinnerung: Zuletzt 1942 bin ich hier gewesen, mit meinem Freund Ursus von Zitzewitz. Im Faltboot kamen wir die Lupow herunter; in Groß Garde haben wir übernachtet.

Am nächsten Tag fuhren wir über den See nach Rowe und sind auf dem Rückweg im plötzlichen Gewittersturm fast gekentert. Nur zwei Jahre später fiel der Freund – in Polen, im Kampf gegen Partisanen.

Ein alter Mann, der sich erinnert: Schon 1920 hat er unter Piłsudski gedient und mitgeholfen, vor Warschau die Rote Armee zurückzuschlagen; im Zweiten Weltkrieg kämpfte er als Partisan gegen die Deutschen. Er erzählt von einem schweren Leben, von den Söhnen, die fortgingen in die Stadt, von seinem Garten, dem Schwein und den Gänsen. Seine Kuh, die er eigentlich hütet, badet inzwischen im See.

Der alte Mann sagt: Es ist gut, daß wir miteinander reden. Als Gruß zum Abschied nimmt er so vollendet höflich seine Mütze ab, wie wohl niemand aus einer jüngeren Generation es ihm nachmachen könnte.

Die Straße nach Zedlin hat der Großvater anlegen lassen. Einst Kopfsteinpflaster und Sommerweg, ist sie inzwischen überteert. Jahrhundertbäume sind am Wegesrand herangewachsen. An Mähdrescher freilich war nicht gedacht; nur schwer läßt sich an ihnen vorbeimanövrieren.

głów. Gutshäuser, die sich erhalten haben, werden wiederhergestellt, zum Beispiel – mit der Hilfe von Restauratoren aus Danzig – das Schloß in Wollin/Wolinia. Herr Melka fragt: »Wie sah das Haus in Rumsko aus? Könnte ich ein Bild haben?« Er überlegt, ob man die Teiche wieder anlegen soll; er möchte wissen, wie die Wälder einmal hießen, er notiert: Lechow, Dombrow, Birk, Iserge, Kaschnowz, Bojenk.

Kontinuität auch, die sich wie von selbst, aus der Natur ergibt. An der Grenze zum Moor, genau dort, wo meine Mutter daran dachte, sich ein Haus für ihr Alter erbauen zu lassen, sagt Herr Melka: »Wie schön das ist! Hier gehen meine Frau und ich am liebsten spazieren.« Etwas später ist von »den Kerlen aus Kluki« die Rede, den Wilderern, die im Moor ihr Unwesen treiben und die schon Herr Skowonodnikow erwähnte. Die Kluckener, der alte Ärger! In ihrem weltverlorenen Fischerdorf am Lebasee waren sie bitterarm und darum notorische Wilderer. Zwischen den beiden Weltkriegen sind zwei Förster bei Zusammenstößen mit den Kerlen aus Klucken ums Leben gekommen. Aber welch ein Trost, welch eine Verheißung fürs Überdauern liegt doch darin, daß die Landschaften, die Bedingungen der Natur solche Kraft haben, Menschen zu dem zu formen, was sie sind, wieder und wieder.

Herr Melka sieht freilich das riesige Moor, das im Halbrund den Lebasee umlagert, zunächst einmal mit den Augen des Landwirts. Er zeigt, was zur Urbarmachung schon alles getan wurde: die Pumpstationen, Kanäle und Grabensysteme, von niederländischen Experten geplant, die Wegeplatten, die eigens konstruiert wurden,

Es gibt Landschaften und Jahreszeiten, die wie füreinander gemacht sind. Pommern ist im Grunde kein Frühlingsland; dem langen Winter folgt oft fast unvermittelt schon der Sommer. Um so mehr ist der Herbst hier zu Hause. Die Stille und die Weite, eine späte Sonne und die frühen Nebel, hundertfältige Brauntönungen des Laubes und der Erde klingen sanft zusammen: zur Melancholie und zur Erfülltheit des Abschieds.

Gedanken vor Denkmälern

Der Mensch ist ein Symbolwesen, und eben dies macht ihn gefährlich. Er tanzt vor seinem Totemtier, als Adler, Bär oder Löwe verkleidet, dem Wahn erliegend, daß er als Adler bevorzugt und besser sei als die Bären oder die Löwen. Fahnen werden erfunden, Uniformen, Standarten und Feldzeichen aller Art, Sterne und Halbmond, Hammer und Sichel, Kokarde, Kreuz und Hakenkreuz; fast immer geht es im Unterscheiden um die abgründige Scheidung zwischen »uns« und »den anderen«, zwischen Freund und Feind.

Denkmäler bilden eine Abart solcher Symbole. Ihrem Namen zuwider sind sie meist weniger zum Denken da als vielmehr dazu, aus Tiefen oder Untiefen Gestimmtheiten aufzurufen und zum Lodern zu bringen. Es versteht sich, daß die Denkmäler zum Dauern, beinahe für die Ewigkeit gemacht werden – wie die »ewigen« Feuer, die so leicht verlöschen –, in Marmor und Granit gehauene, in Erz gegossene Merkzeichen und Mahnungen für die künftigen Generationen: Erinnert euch, umkränzt, preist, verehrt uns. In der Regel handelt es sich um mehr oder minder Grimmiges, im Grunde Scheußliches: um das von seiner Ohnmacht schon eingeholte Imponiergehabe der Lebenden gegenüber einer Zukunft, die nicht mehr ihnen gehören wird.

Freilich bleibt die menschliche Dauer den Umständen unterworfen. In Pomorze sind die deutschen Denkmäler natürlich längst verschwunden und durch die polnischen

Siegesdenkmal in Naugard/Nowogard

Überall in Pommern findet man Denkmäler für die »Befreier«, die Sieger von 1945. »Unsere Pflicht-Denkmäler«, sagen dazu die Polen mit vieldeutigem Lächeln. Sie selbst, geschichtsbewußt, wie sie sind, haben offenbar noch das ungebrochene Verhältnis zu Denkmälern, das uns abhanden kam. Vielfach werden dabei Dichter oder Komponisten geehrt. Warum nicht? Doch es gibt auch Martialisches und Fragwürdiges. Auf dem Siegessockel in Naugard/Nowogard wird die vaterländische Triumphlinie markiert: »Grunwald 1410 – Berlin 1945«. Darin steckt eine nationalistische Deutung nach rückwärts, die keiner Nachprüfung standhält – und die freilich, nicht zu vergessen, unter den entgegengesetzten Vorzeichen auch im deutschen Tannenberg-Denkmal verewigt sein sollte.

Sienkiewicz-Denkmal in Stolp/Słupsk

Szymanowski-Denkmal in Stolp/Słupsk

Hier hat einmal der Reichsgründer gelebt und die Distanz zu Berlin genossen. Dem Schloß, in dem heute eine Schule für Forsteleven untergebracht ist, setzten die Jahre übel zu. Aber die Arbeiten zu seiner Wiederherstellung haben inzwischen begonnen.

Wäre es damit nicht an der Zeit, Selbstbewußtsein zu zeigen und etwa auf einer Gedenktafel sichtbar zu machen, statt peinlich genug zu verschweigen, welch ein historischer Boden dies ist und wer in dem Schloß einst der Hausherr war?

ersetzt worden, wie der eiserne Kanzler am Bismarck-Platz in Stolp durch den Dichter und Patrioten Sienkiewicz. Ähnlich die Denkmäler, die von Kriegen und Siegen künden oder an die fürs Vaterland Gefallenen erinnern. Deutsches Erinnern gibt es nicht mehr, dafür aber Stadt um Stadt das Ehrenmal für die »Befreier«, für die Helden der Roten Armee. »Unsere Pflicht-Denkmäler«, sagen dazu die Polen mit vieldeutigem Lächeln. Welche Dauer denen beschieden sein wird, steht dahin.

Für das Fragwürdige polnischer Eigenleistungen seien zwei Beispiele genannt. Auf einem kriegerisch ragenden Mahnmal in Naugard/Nowogard wird schnurstracks die vaterländische Siegeslinie markiert: »Grunwald 1410 – Berlin 1945«. Aber darin steckt schon eine Deutung der Geschichte, die die Nachprüfung schwerlich verträgt. Im 15. Jahrhundert standen sich mit dem Deutschen Orden und Polen zwar rivalisierende Mächte gegenüber, aber keine Nationen, wie wir sie kennen. Ganz im Gegenteil: Deutsche Stände, Ritter wie Städte, haben zu einem erheblichen Teil auf der polnischen Seite gekämpft, weil sie sich von Polen mit Recht mehr Freiheiten erhofften als unter der straff organisierten Ordensherrschaft.

In Varzin/Warcino, dem Landsitz Bismarcks seit der Königsgabe für den preußischen Triumph von 1866, ragt auf ihrem Sockel an der Zufahrt zum Schloß überlebensgroß eine Partisanin. Sei's drum. Aber nichts, keine noch so bescheidene Tafel erinnert an den einstigen Hausherrn. Ob die Forsteleven, die heute hier ausgebildet werden, wohl je erfahren, auf welchem historischen Boden sie sich befinden? An dem Schloß, dem die Jahre übel mitspielten, haben inzwischen die Arbeiten zur Wieder-

Das Bismarck-Schloß in Varzin, Kreis Rummelsburg/Warcino

In Dünnow, Kreis Stolp/Duninowo

An der Hauptstraße durch Hinterpommern zwingt zwischen Körlin/Karlino und Köslin/Koszalin ein Merkposten besonderer Art zu unvermutetem Halt: ein Kartoffel-Denkmal. Zwar stellt es, obenhin betrachtet, nur das Wahrzeichen eines großen Saatzuchtbetriebes dar, der hier zu Hause ist.

Aber handelt es sich in Wahrheit nicht um ein Denkmal, wie es sein sollte, weil es uns zum Denken herausfordert? Es erinnert an das unscheinbar in der Erde Geborgene, das wir alle zum Leben und Überleben brauchen.

Kartoffel-Denkmal in Biziker/Biesiekirz

herstellung begonnen. Wäre es damit nicht an der Zeit, Selbstbewußtsein zu demonstrieren und sichtbar zu machen statt zu vertuschen, was einmal war?

Doch es gibt auch Denkmäler anderer Art. Eines zwingt an der Straße zwischen Körlin/Karlino und Köslin/Koszalin in Biziker/Biesiekirz zu unvermutetem Halt: von drei Stahlträgern gehalten und emporgehoben, riesig und bronziert – eine Kartoffel. In den Tagen des Alten Fritz hat diese Erdfrucht hier Einzug gehalten, und es erwies sich, daß sie und Pommern mit seinen meist sandigen, leichten Böden und seinem zum Kontinentalen neigenden Klima füreinander bestimmt waren. Am Anfang des Zweiten Weltkriegs lieferte Hinterpommern neben Speisekartoffeln und Produkten wie dem Spiritus al-

Der große Friedrich, der Alte Fritz, hat lebenslang darum gekämpft, Maulbeerbäume anzupflanzen, als Grundlage für die Zucht von Seidenraupen. Denn mit der Eigenproduktion sollten kostbare Devisen gespart werden. Im rauhen preußischen Klima handelte es sich um einen kostspieligen Fehlschlag. Als um so segensreicher erwies sich der fritzische Kampf für die Einführung der Kartoffel. Hinterpommern zumal und diese Erdfrucht waren wie füreinander bestimmt. Sicherung der eigenen Ernährung zunächst, dann – nach dem Bau der Eisenbahnen – Lieferungen in den Westen: Das Maß an Wohlstand, das seit dem 19. Jahrhundert im Lande Einzug hielt, war hauptsächlich der Kartoffel zu danken.

Das Einsammeln der kostbaren Knollen bildete einen Höhepunkt des Erntejahres. Jede Hand, mochte sie noch so klein sein, wurde dafür dringend gebraucht. Also bekamen die Kinder ihre »Kartoffelferien« wahrlich nicht zum Spaß. Doch wenn die Erinnerung an Kindertage sich vorab aus Gerüchen nährt, dann gehört dazu für den Pommern, wie nichts anderes, der Duft aus Kartoffelfeuern. Und wohl niemand, der das nicht gekostet hat, kann den unvergleichbaren Räuchergeschmack einer Kartoffel überhaupt ermessen, die so frisch aus der Erde wie aus der Glut stammt.

In Wollin, am westlichen Ufer der Dievenow und über einer Wikinger-Siedlung, die auf das Vineta der Sage hindeutet, wurde im Jahre 1140 von Otto von Bamberg das pommersche Bistum gegründet.

Im Jahre 1945 kam der Krieg hierher. Im Untergang des alten Pommern versank auch Wollin mit seiner Stadtkirche in Schutt und Asche; kaum ein Haus blieb erhalten.

Nur mühsam, mit immer noch weiteren Freiflächen, ist das polnische Wolin wiedererstanden. Die Kirche aber, als Ruine erhalten, setzt ein Zeichen gegen unser Vergessen.

In Wollin/Wolin

lein 48 Prozent aller deutschen Saatkartoffeln und sogar 61 Prozent der Hochzuchten. Sei es also für Pommern, sei es für Pomorze: Etwas besser Passendes läßt sich schwerlich erdenken in dem Land, dem diese Frucht die Fruchtbarkeit brachte. Möge darum dem Kartoffel-Denkmal Dauer beschieden sein wie keinem anderen, möge es uns mahnen an das unscheinbar in der Erde Geborgene, das wir zum Leben und Überleben brauchen.

Ein zweites, ans Herz greifende Denkmal findet man in Wollin/Wolin, der alten Stadt hart am Ufer der Dievenow. Wie schon erwähnt, stand hier im März und April 1945 für einige Wochen die Front, und die Stadt wurde mit ihrer spätgotischen St.-Nikolai-Kirche fast völlig zerstört. Diese Kirche hat man im Gegensatz zu fast allen anderen Gotteshäusern nicht wieder aufgebaut, sondern bewußt als Ruine bewahrt. Sie erinnert an die Schrecken des Krieges. Und sie mahnt, wozu ein Denkmal heute nur mahnen sollte: zur Versöhnung, zum Frieden.

HINTERPOMMERN
in den Grenzen von 1938
(mit polnischen Ortsnamen seit 1945)